# L'EXPORT FAIT VIVRE

Éditeur : Vincent Pichon-Varin
Conseiller éditorial : Jean-Baptiste Diebold
Composition : Facompo


92, avenue de France
75 013 Paris

Vous pouvez consulter notre catalogue général
et l'annonce de nos prochaines parutions sur notre site :
**www.cherche-midi.com**

# L'EXPORT FAIT VIVRE

le cherche midi

# Préface

Ludovic Subran écrit là un livre salutaire. « L'export fait vivre », un slogan de Bpifrance qu'il reprend, nous dit en effet à quel point l'expérience vitale de l'export ne se compare à aucune autre en termes de confrontation au réel. L'export, c'est l'absolu du réel, avec lequel il faut jouer, danser, reculer, avancer. Un sport qui paraît simple, mais qui est extrêmement technique, comme le tennis. Une expérience qui doit être préparée, un chemin de performance qui doit être désiré, car il est exigeant. Mais pourquoi faudrait-il le désirer ? Car il fait advenir une autre dimension vitale de l'entrepreneuriat. On est entrepreneur pour s'accomplir sur terre, exprimer une singularité, refuser le décret de fatalisme et de reproduction de l'identique, et aller résolument vers l'inconnu, seul à même de nous faire grandir. Si l'entrepreneuriat est une école de la vie, l'export l'est encore plus. Il force à la concentration, il impose l'ouverture culturelle à toutes les différences, il rend plus humble et donc plus grand. Et, au final, il est la clef de la performance, le moment où l'on se confronte à la vraie concurrence mondiale. Il est de culture olympique, il empêche de se mentir à soi-même. Les témoignages collectés par Ludovic Subran dégagent un sentiment de fierté euphorique. Que peut-on souhaiter de plus quand on est un grand vivant ? À tous ceux qui se lancent à eux-mêmes des défis de toute nature, je peux dire que l'export est fait pour eux. Nous, Français, avons de belles valeurs et de bons produits. Nous pouvons aller dans le monde sans crainte. N'ayons pas peur de rayonner !

**Nicolas Dufourcq**
Directeur général
Bpi France

# Sommaire

# Introduction

## MENU DE L'AUTEUR

### Dans la marmite du commerce : vingt recettes pour réussir à l'international

Bienvenue dans la grande cuisine du commerce mondial, où chaque entreprise est un chef en quête de la recette parfaite pour conquérir de nouveaux marchés. Alors que les crises économiques et géopolitiques s'enchaînent comme des coups de fouet, un constat s'impose : le commerce mondial n'est pas une promenade de santé. C'est un festin où seuls les mieux préparés, les plus innovants et les plus résilients parviennent à se faire une place à table.

### Un menu à la carte dans un contexte de turbulences

Depuis sept ans, le commerce international évolue dans un environnement digne des cuisines d'un grand restaurant en pleine tempête. Le retour de Donald Trump à la Maison-Blanche ne fait qu'ajouter une pincée d'incertitude dans une marmite déjà bouillonnante. Les relations commerciales sont devenues plus complexes, rappelant que chaque décision politique agit comme une épice qui peut sublimer ou gâcher le plat.

## Des ingrédients imprévus dans la marmite mondiale

La pandémie a agi comme un coup de feu dans une cuisine surchargée : confinement des économies, chaos dans les chaînes d'approvisionnement et explosion des prix des matières premières. La réouverture en 2021, semblable à un service de dernière minute, a poussé les entreprises à tester la robustesse de leurs réseaux logistiques, souvent avec des résultats mitigés. Puis, en 2022, la flambée des prix de l'énergie a donné un goût amer à de nombreux plats préparés par les entreprises européennes, mettant leur compétitivité à rude épreuve.

Aujourd'hui, le commerce mondial semble s'orienter vers une nouvelle donne : un mélange de protectionnisme, de relocalisation et de décarbonation. Une équation complexe où chaque ingrédient peut changer le résultat final. Mais attention : en cherchant à résoudre les faiblesses des chaînes d'approvisionnement ou à renforcer leur souveraineté, certains pays risquent de jeter le bébé mondialisation avec l'eau du bain.

## Exporter : un art exigeant

L'exportation n'est pas pour les amateurs. Comme un bon plat qui nécessite un équilibre parfait entre les saveurs, réussir à l'international demande préparation, créativité et une pointe d'audace. Ce n'est pas un hasard si les grandes entreprises françaises, notamment celles du CAC 40, réalisent une part importante de leur chiffre d'affaires à l'export : l'international, c'est là où se joue la grande bataille de la croissance.

Pour les PME cependant, la route est semée d'embûches : il faut convaincre de nouveaux clients, comprendre leurs goûts, maîtriser les réglementations locales, et, parfois, composer avec des retards de paiement. Et pourtant, pour ceux qui s'y lancent, l'exportation est une école de l'excellence. Elle force les entreprises à innover, à améliorer la qualité de leurs produits et à se hisser à la hauteur de concurrents venus des quatre coins du monde.

## Les leçons des grands chefs de l'exportation

Dans ce livre, nous avons rassemblé les témoignages de 20 grands chefs du commerce international, des patrons français qui ont su transformer leur entreprise en étoiles montantes sur la scène mondiale. Ils nous racontent comment ils ont sélectionné les meilleurs ingrédients, concocté des stratégies sur mesure, et relevé les défis d'un marché de plus en plus fragmenté.

Leurs réussites nous rappellent qu'il n'y a pas de recette unique ou miracle pour conquérir les marchés étrangers, mais une multitude d'approches possibles :

- **miser sur la qualité et la réputation**, comme un chef qui fait de son plat une signature culinaire inoubliable ;

- **se spécialiser dans l'essentiel**, ces produits ou services dont le monde aura toujours besoin ;
- **ouvrir de nouvelles routes commerciales**, comme un pionnier qui explore des saveurs encore inconnues ;
- **multiplier les partenariats**, à l'image des grandes cuisines qui collaborent avec des producteurs locaux pour garantir fraîcheur et authenticité.

## Les crises, des révélateurs de saveurs

Si les crises récentes ont mis à mal le commerce mondial, elles ont également agi comme des révélateurs de saveurs : elles ont montré la valeur des entreprises capables de s'adapter, d'innover et de travailler main dans la main avec leurs partenaires. Comme dans une grande cuisine, la réussite repose sur la capacité à ajuster la recette en temps réel, à trouver des solutions créatives pour contourner les obstacles et à ne jamais perdre de vue l'objectif final.

Dans un monde où les tensions géopolitiques et les barrières commerciales se multiplient, les entreprises doivent apprendre à jongler avec la résilience et l'efficacité. Cela passe par des investissements dans des infrastructures modernes, une maîtrise des technologies de pointe et un engagement ferme envers des pratiques durables, même si cela implique parfois de cuisiner avec des budgets serrés.

## Ne pas céder au mirage du repli sur soi

Face aux appels à la relocalisation, il est essentiel de ne pas céder à la tentation de simplifier excessivement les défis de la mondialisation. Relocaliser pour relocaliser, c'est comme tenter de remplacer un plat raffiné par une version trop simpliste. Les chaînes d'approvisionnement internationales, malgré leurs fragilités, ont permis aux entreprises de bénéficier de spécialités locales, d'accéder à des compétences uniques et de s'ouvrir à des marchés d'une ampleur sans précédent.

Plutôt que de replier les ailes, il s'agit de repenser les partenariats : collaborer plus étroitement avec les fournisseurs, investir dans leur développement et cultiver des relations de confiance. En cuisine comme dans le commerce, ce sont les collaborations solides qui garantissent des plats savoureux et bien exécutés.

## L'appétit vient en exportant

Exporter, c'est comme apprendre à cuisiner pour un banquet mondial : cela demande de la patience, une préparation minutieuse et une ouverture d'esprit pour explorer de nouvelles saveurs. Les entreprises françaises, avec leur tradition d'excellence et leur savoir-faire unique, ont tous les atouts pour réussir. Ce livre d'entretiens se veut une source d'inspiration pour ceux qui hésitent encore à se lancer, une batterie d'ustensiles pour ceux qui sont déjà en cuisine, et un hommage à ceux qui, chaque jour, travaillent à faire rayonner la France à l'international.

Le commerce mondial peut sembler complexe et intimidant, mais comme dans toute grande cuisine, c'est avec passion, persévérance et créativité qu'on parvient à élaborer les plats les plus mémorables. Alors, à vos tabliers, et bon appétit !

# 1

## Une marque locale dans chaque pays

## CLARINS

Jonathan Zrihen,
président-directeur général

## Clarins en chiffres

**Chiffre d'affaires en 2023 :** environ 2 milliards d'euros, dont 95 % à l'international.

**Nombre de collaborateurs dans le monde :** 8 500 salariés dont 20 % en France, répartis entre le siège, les deux usines et le centre logistique international d'Amiens.

**Présence dans le monde :** environ 150 pays avec 28 filiales et 5 hubs de distribution.

De stagiaire à PDG en ayant gravi tous les échelons : le parcours de Jonathan Zrihen frappe les esprits. Pourtant, il est assez représentatif des carrières chez Clarins. « La patronne de notre troisième filiale, en Angleterre, a commencé comme esthéticienne dans un grand magasin Selfridges et fait figure aujourd'hui de référence dans le secteur ; la femme qui dirige notre filiale au Canada, après avoir été à la tête de celle de l'Afrique du Sud, était vendeuse à Dublin ; quant au patron de la filière en Chine, c'était le directeur commercial de notre distributeur local ; il est entré chez Clarins il y a dix-huit ans », énumère Jonathan Zrihen.

Ce que racontent ces différents itinéraires ? L'importance accordée par Clarins à la relation avec sa clientèle. « La base du succès de notre marque, c'est non seulement la qualité de ses produits et de ses magasins, mais aussi le fait que nous sommes experts de la peau, explique le dirigeant. Notre recette, c'est de faire asseoir une cliente, de lui effectuer un examen de la peau et de lui prodiguer des conseils. Cette approche unique d'intimité et de proximité avec le client, via nos coachs beauté, résonne mondialement. »

Une méthode présente dès l'origine de la société. L'histoire de Clarins commence en 1954, lorsque Jacques Courtin ouvre un institut de beauté rue Tronchet, dans le quartier de la Madeleine, à Paris. Ses cabines de soin rencontrent très vite le succès auprès de célébrités. Et dans les années 1960, il lance une gamme de produits naturels, pionniers pour l'époque, notamment des huiles pour le visage et le corps. La marque a conservé, depuis lors, son ADN d'institut et forme 5 000 esthéticiennes par an pour offrir un service haut de gamme. Le PDG lui-même a suivi la formation à ses débuts et, comme tous les dirigeants, il continue de la dispenser de temps en temps.

« Il n'y a pas un Japonais ou un Américain qui n'aime être bien servi et avoir un produit de bonne qualité », insiste Jonathan Zrihen, qui place sa marque dans le domaine du luxe. De fait, cette stratégie fonctionne un peu partout dans le monde.

« C'est le fils de Jacques Courtin, Christian Courtin, avec qui j'ai beaucoup travaillé, qui a mené l'expansion internationale depuis 1980, rappelle l'actuel dirigeant. Il est parti à travers le monde et a ouvert des activités commerciales dans 140 pays. » Clarins décide alors d'entrer en Bourse pour financer l'internationalisation. Ce sera chose faite en 1985, jusqu'au retrait de la cotation en 2008 pour se prémunir contre l'arrivée d'actionnaires hostiles.

Désormais, la France ne représente que 5 % de son chiffre d'affaires et la Chine est son premier marché, devant les États-Unis. Clarins y compte 1 000 salariés, tous chinois, et y figure dans le top 5 des marques de cosmétique de luxe. L'expansion en Asie débute dès les années 1980, au moment où cette région entame un cycle de forte croissance économique. « En 2000, quand j'ai proposé d'ouvrir en Chine, nous y sommes allés un peu doucement, raconte le PDG. Mais en 2010, nous avons décidé d'y investir énormément pour ne pas louper le train. Quand je dis "énormément", cela signifie de manière disproportionnée par rapport au poids que représentait la Chine à l'époque. Pour moi, une règle fondamentale du business est de toujours investir en fonction du potentiel et jamais en fonction de la taille actuelle. »

Son évaluation à ce moment-là est que le potentiel de la Chine est énorme. Et la marque s'attache à s'adapter aux spécificités du marché local. « Grosso modo, 70 % de notre gamme fonctionne partout et le reste des produits est développé de manière plus spécifique, pour répondre à un mode de vie local, aux différentes peaux, aux morphologies des visages, détaille le PDG. Par exemple, quand vous êtes en Asie du Sud-Est et que vous êtes en permanence entre le chaud et le froid, cela a un impact sur votre peau et mérite d'être pris en considération. »

Les *beauty coachs* chinoises reçoivent une formation adaptée aux besoins de leur marché, avec des conseils et des produits spécifiques. Par exemple, la gamme Bright Plus, qui enlève les taches, est particulièrement destinée aux Asiatiques, qui aiment bien avoir des peaux très unifiées, sans taches. « Nous avons un centre de recherche et développement (R&D) à Shanghai depuis une dizaine d'années, qui réalise des études consommateurs et fait de la recherche, ajoute-t-il. Ainsi, même si tous nos produits sont *made in France*, nous devons être capables d'avoir des antennes un peu partout. »

La stratégie de communication est sur mesure elle aussi. « Notre filiale chinoise dispose d'une certaine flexibilité dans la manière de communiquer, souligne Jonathan Zrihen. Dilraba, une des plus grandes célébrités chinoises, actrice, chanteuse et mannequin, est devenue notre ambassadrice il y a quelques années. » La marque de beauté communique sur Tmall, une des plateformes d'e-commerce appartenant à Alibaba, avec des *live streams* animés par des influenceurs chinois. Tout est fait pour coller aux réalités de la consommation chinoise.

Le PDG, qui travaille tous les jours avec la seconde et la troisième génération de la famille Courtin, notamment Olivier, Virginie et Prisca Courtin, donne la priorité à un nouveau « continent » depuis dix ans : le digital. Il en avait vu toutes les promesses à l'époque où, à la tête de la filiale américaine, il avait ouvert le premier site internet. Il en a constaté la puissance au moment de la crise de la Covid-19, car cette présence a permis au groupe de bien résister, avec une perte de seulement 7 % de chiffre d'affaires malgré la fermeture des points de vente. Aujourd'hui, 25 % des ventes se font directement via une des 28 plateformes numériques Clarins.

Convaincu que « l'intelligence artificielle, comme l'électricité ou le digital, va s'imposer partout », Jonathan Zrihen réfléchit aux nombreuses transformations que cette révolution va induire dans l'organisation de Clarins. Beaucoup d'évolutions vont apparaître, notamment dans la capacité d'adapter les produits et les services de Clarins à travers le monde, mais le PDG et ses équipes conserveront une seule obsession : l'attention portée aux clients.

# 2

# Partager une culture d'entreprise et une vision du métier

## IPSOS

Laurence Stoclet,
administratrice et ancienne directrice
générale déléguée

## Ipsos en chiffres

**Chiffre d'affaires 2023 :** 2,4 milliards d'euros, dont plus de 90 % à l'international.

**Nombre de collaborateurs dans le monde :** plus de 20 000 salariés permanents.

**Présence dans le monde :** 90 filiales et 250 bureaux.

Laurence Stoclet a été embauchée par Ipsos en 1998 en tant que directrice financière, à un moment clé pour l'entreprise spécialiste des études de marché, à savoir un an avant son introduction en Bourse. « Nous avons alors levé les fonds nécessaires pour accélérer notre expansion internationale », souligne-t-elle. La cotation sur les marchés financiers a transformé la société fondée un quart de siècle plus tôt par Didier Truchot. Elle a permis à cette PME présente dans quelques pays européens de devenir un acteur global.

Pour s'étendre à travers le monde, Ipsos a réalisé plus d'une centaine d'acquisitions. « À chaque fois, nous avons demandé aux sociétés achetées d'abandonner leur marque, sauf dans le domaine de l'opinion publique, où certains noms ont subsisté pendant plus d'une décennie », explique Laurence Stoclet. L'objectif était de capitaliser sur le nom d'Ipsos, court et facilement prononçable dans toutes les langues. Un atout majeur pour créer une identité forte au-delà des frontières.

La directrice financière a aussi mis en place à cette époque une infrastructure informatique unique. Désormais, « tout est centralisé et mutualisé dans un écosystème basé sur un seul ERP (logiciel de planification des ressources) et une seule base de données, qui permet à chaque instant de suivre le carnet de commandes mondial d'Ipsos par service, par pays, par client... », détaille-t-elle.

Si le modèle est très centralisé, Ipsos a pris soin, en s'internationalisant, de conserver l'ancrage territorial de son management. Les filiales sont dirigées par des managers locaux et surtout, le groupe français a privilégié des sociétés partenaires qui permettaient de créer un lien fort avec les équipes dirigeantes d'origine. « Nous avons constaté que nos acquisitions réussies étaient celles où nous avions pris le temps de discuter longuement avec les fondateurs et/ou les dirigeants avant l'achat, pour nous assurer qu'ils comprenaient et acceptaient notre culture d'entreprise et partageaient notre vision et notre passion pour le métier des études », explique Laurence Stoclet.

La réussite nipponne d'Ipsos en est la meilleure illustration. « Au Japon, nous sommes la première entreprise internationale dans notre métier, devant nos concurrents américains et anglais, qui sont souvent plus importants que nous dans les autres marchés », souligne-t-elle. L'explication tient à la relation – autour d'une passion commune pour la cigarette – qu'avait réussi à nouer Didier Truchot avec M. Uchida, le fondateur de l'entreprise japonaise qu'il ciblait. Ce dernier, peu désireux de vendre, a fini par se laisser convaincre après deux ans de discussions amicales – et enfumées...

Un tel fonctionnement n'est pas sans contreparties. « Quand M. Uchida est parti à la retraite, cinq ou six ans plus tard, il nous a demandé que ce soit son fils qui prenne sa suite et nous n'étions pas très convaincus, notamment parce que ce dernier ne vivait pas au Japon », se souvient Laurence Stoclet. Soucieux, malgré cette réticence, de préserver cette relation, l'état-major d'Ipsos finit par accepter en obtenant de faire coacher l'héritier lors de son retour dans l'archipel. Avec, *in fine*, une transition réussie à la tête de la filiale.

« En Chine et au Moyen-Orient, où nous sommes aujourd'hui les leaders de notre secteur, nous avons sciemment conservé nos partenaires locaux », note Laurence Stoclet. Ipsos a en effet réussi la performance de se faire une place en Chine, via une dizaine d'acquisitions depuis 2001, l'obtention d'une licence spéciale nécessaire pour avoir le droit d'exercer dans ce secteur et, bien évidemment, le recours aux réseaux sociaux locaux tels que WeChat pour mener des études de marché.

L'expansion internationale d'Ipsos n'a toutefois pas seulement été le fruit d'acquisitions. L'autre moteur, plus organique, tient aux opportunités offertes par ses grands clients via le *cross-selling*, c'est-à-dire d'une part la vente de services supplémentaires aux clients existants – par exemple des mesures d'efficacité de campagnes publicitaires, des études de satisfaction de clientèle, des programmes d'innovation et d'image de marque... – et, d'autre part, l'accompagnement de ces clients à travers le monde. « Environ la moitié de notre chiffre d'affaires est composée de projets d'études que nous réalisons en même temps dans de nombreux pays, pour de grandes entreprises qui gèrent des marques globales d'origine française, américaine, britannique ou autre », souligne Laurence Stoclet.

Ainsi, « Danone et Procter & Gamble, clients historiques en France, avaient émis le souhait, dans les années 1980, d'être accompagnés en Europe par Ipsos, d'où la stratégie de développement à l'international lancée à cette époque », poursuit-elle. Aux États-Unis, aujourd'hui le plus grand marché d'Ipsos, et au Canada, où le groupe a acquis le numéro un local en 2000, la majorité des clients sont des multinationales.

Par ailleurs et dans l'optique de se singulariser, Ipsos a misé sur une culture interne et une organisation originales. « Contrairement à nos concurrents, nous avons toujours organisé notre entreprise autour des spécialités de nos experts plutôt que par secteur d'industrie de nos clients. Cela s'est avéré une force majeure dans notre développement international », souligne l'administratrice. Chaque ligne de spécialisation dispose de sa propre équipe de recherche et développement, permettant à Ipsos d'être reconnu comme l'entreprise la plus innovante de son secteur sur les trois dernières années.

L'institut a également su capitaliser sur sa réputation dans le domaine de l'opinion publique. « Nous sommes restés engagés dans cette activité malgré les risques, car c'est le seul domaine où les prévisions peuvent être comparées avec les résultats réels lors des élections, pointe Laurence Stoclet. Cela renforce notre crédibilité et prouve que nous savons bien faire notre métier. »

En un quart de siècle, l'ancienne directrice financière aura été l'architecte de la structuration du développement international de l'institut français, grâce à son rôle clé dans le financement de l'expansion, la construction de son organisation globale et l'intégration réussie de ses acquisitions. Ipsos est aujourd'hui un leader mondial incontournable des études de marché, avec une présence dans plus de 90 pays.

# 3

# Exporter offre une plus grande résilience

## ADP

Augustin de Romanet,
président-directeur général

## ADP en chiffres

**Chiffre d'affaires en 2023 :** 5 495 milliards d'euros, dont 30 % à l'international.

**Nombre de collaborateurs dans le monde :** 28 174, dont 5 618 en France.

**Présence dans le monde :** 26 aéroports implantés dans 32 pays.

En quittant ADP après douze ans passés à sa tête, Augustin de Romanet peut se targuer d'avoir piloté avec brio l'internationalisation de l'opérateur aéroportuaire français. À son arrivée en 2012, seulement 5 % du résultat opérationnel courant du groupe provenait des activités à l'étranger. Aujourd'hui, ce chiffre atteint 30 %, et il est prévu qu'il s'élève à 50 % d'ici 2030. Cette dynamique d'expansion dans le monde n'aurait pas été possible sans une étape clé, survenue avant l'arrivée du dirigeant : la transformation d'ADP en société anonyme en 2005, ouvrant la voie à la cotation en Bourse. Comme le rappelle le PDG, « ce changement de statut a permis à ADP d'accéder à des marchés internationaux et d'explorer des opportunités, alors inaccessibles, pour développer et consolider la croissance du groupe à l'échelle mondiale. »

Un des tout premiers dossiers de son mandat a été l'intégration de TAV Airports, dont l'acquisition a été bouclée à l'automne 2012. Cette entreprise gère plusieurs aéroports importants en Turquie, à commencer par celui d'Istanbul, mais aussi dans des pays tels que la Macédoine, la Géorgie et l'Arabie saoudite. Cette opération a permis à ADP de s'ouvrir à de nouveaux horizons et d'accéder à ces marchés émergents en plein essor.

En 2020, ADP a de nouveau frappé un grand coup en rachetant en Inde 49 % du groupe familial GMR. Ce dernier gère plusieurs aéroports majeurs, dont ceux de Delhi, Hyderabad et Goa. Cette acquisition s'est révélée particulièrement judicieuse : « La part de 49 % que nous avions achetée pour 1,2 milliard d'euros vaut aujourd'hui 6,3 milliards », se félicite Augustin de Romanet. En tout, ADP est aujourd'hui le gestionnaire d'un réseau d'une vingtaine d'aéroports sur les cinq continents, de l'aéroport international Arturo-Merino-Benítez de Santiago à l'aéroport de Medan en Indonésie, en passant par celui de Liège en Belgique ou d'Antananarivo à Madagascar.

D'où cette volonté de se développer à l'international vient-elle, alors que la mission première du groupe est la gestion des infrastructures nationales ? « Cela nous a permis de diversifier les risques tout en augmentant la rentabilité du groupe grâce à l'intégration d'actifs stratégiques dans nos comptes », résume le PDG d'ADP. La première raison est donc financière : « Le rendement des capitaux engagés est supérieur à l'étranger par rapport à ce qu'il est à Paris. » En effet, pour les aéroports français, la régulation limite les marges d'ADP, hormis pour certaines activités telles que la gestion des magasins en duty free. En consolidant les bénéfices issus de ses parts dans ses filiales comme TAV Airports ou GMR, ADP a pu augmenter son Ebitda de manière conséquente. Mais ce n'est pas tout : cette diversification apporte « une plus grande résilience à long terme » au groupe français. « Diversifier nos aéroports dans des régions comme l'Amérique latine ou l'Asie du Sud-Est nous permet de réduire notre exposition aux risques européens, explique le dirigeant. Lorsque l'Europe est en difficulté, des régions à forte croissance comme l'Inde offrent une stabilité précieuse. »

Ces avantages cruciaux pour l'avenir d'ADP impliquent une très grande attention lors de la réalisation de ces deals. En premier lieu, Augustin de Romanet est très soucieux des risques liés aux États concernés : sans parler de la Chine où il lui semble impossible de s'implanter, il a choisi de ne pas dépasser 50 % du capital des sociétés rachetées en Inde ou en Turquie à cause du risque réglementaire dans ces pays.

Bien entendu, il faut aussi mener la négociation habilement pour ne pas surpayer une acquisition car, si c'est le cas, « il faut parfois un demi-siècle pour récupérer son argent » dans ces opérations à plusieurs milliards d'euros. Lors des discussions avec ses concurrents, qui sont souvent des fonds d'investissement, Augustin de Romanet a pu jouer de la force de frappe financière d'ADP et de sa capacité à payer cash. Il a aussi su faire preuve de patience, comme lors du rachat de GMR en Inde, d'abord écarté après un premier tour de discussion. « À la deuxième tentative, j'ai vu qu'ils étaient extrêmement endettés, c'était donc l'opportunité idéale pour acquérir cette entreprise à bas prix et optimiser notre retour sur investissement. »

La gestion des filiales est un autre défi majeur. « Il est relativement facile de perdre le contrôle managérial à l'international, avertit le PDG. Il est donc essentiel d'avoir des équipes sur place, qui sont nos relais, nos espions même, pour vérifier que les intérêts locaux et ceux du groupe sont bien alignés. » ADP envoie donc ses managers prometteurs piloter ces activités internationales, et en fait, par la même occasion, un excellent outil de gestion des talents. « Ces expatriations sont essentielles pour que les cadres soient capables de gérer des environnements internationaux complexes. Par exemple, Antoine Crombez, mon directeur de cabinet, est parti comme *Deputy CEO* en Inde pendant trois ans, raconte Augustin de Romanet. À son retour, il a été nommé directeur financier adjoint. »

Mais en définitive, le PDG d'ADP considère que la principale source d'échec dans les acquisitions internationales tient à leur dimension symbolique. « Il est crucial de mettre l'ego du dirigeant de côté pour éviter des erreurs coûteuses », insiste-t-il. L'énarque a donc mis en place plusieurs pare-feu. « Chaque début d'année, je dis à mon directeur international que s'il ne fait aucun deal, il ne sera pas sanctionné. L'important est de faire les bons deals, pas d'en faire à tout prix. » Lorsqu'une cible est identifiée, le dirigeant consulte ses collaborateurs et attend que tous les signaux passent au vert. « Quand mon directeur financier est convaincu que la croissance sera bonne, que les avis de mes équipes sont alignés, c'est un signe favorable. Et il est crucial de vérifier que mes banquiers d'affaires pensent que ce n'est pas une erreur. Si toutes ces conditions sont réunies, on avance. Sinon, je préfère attendre. Cette patience nous a montré que c'est la meilleure approche pour éviter les mauvaises surprises. » La méthode a semble-t-il prouvé sa pertinence lors de la présidence Romanet.

# 4

# Les États-Unis, un marché filial

## LIGNE ROSET

Antoine Roset,
directeur général de Ligne Roset-Cinna

## Ligne Roset en chiffres

**Chiffre d'affaires en 2023** : 126 millions d'euros, dont 71 % à l'international.

**Nombre de collaborateurs dans le monde** : 740.

**Présence dans le monde** : 72 pays avec une présence commerciale ; 1 pays avec 5 sites industriels : la France.

Un dimanche soir, en 2006, Antoine Roset s'apprête à repartir de Lyon, où il est venu passer le week-end chez ses parents. Sur le pas de la porte, son père lui glisse une proposition, l'air de rien : « On recherche un commercial aux États-Unis, est-ce que ça te dirait ? » À l'époque, le jeune homme travaille pour IWC, la marque horlogère du groupe Richemont, et s'y plaît bien. Le poste dont il est question concerne bien entendu le fabricant de meubles qui porte son patronyme.

« Ma décision n'a pas du tout été basée sur une analyse risque-opportunité du marché américain, se souvient-il. Je me suis dit : "J'ai ma petite vie plan-plan à 26 ans, allez, banco, on verra bien ! Une opportunité comme celle-ci n'arrive qu'une fois." L'année d'après, je prenais la direction de la filiale américaine et finalement, je suis resté onze ans aux États-Unis. J'y ai rencontré ma femme et j'y ai eu mes deux enfants, ce sont les plus belles années de ma trentaine. »

Lorsque le jeune commercial enthousiaste débarque aux États-Unis, Ligne Roset y est présent depuis les années 1980, à l'initiative de son grand-père, sans étude de marché mais avec une intuition et une forte volonté d'expansion. « Mon grand-père avait dit à mon père : "Il y a un marché là-bas, avec un distributeur qui nous achète plusieurs conteneurs par an : prends ce chèque et va ouvrir une filiale." C'était très opportuniste, comme démarche », raconte-t-il. Et c'est ainsi que le groupe a planté son drapeau à New York.

Le séjour d'Antoine Roset outre-Atlantique ne s'est pourtant pas fait sans heurt : très vite, l'économie américaine est percutée par la chute de Lehman Brothers et la panique financière qui s'ensuit à l'automne 2008. Le marché du mobilier haut de gamme contemporain, déjà de niche, est particulièrement touché. « La crise a fait que nous avons perdu une grande partie de notre réseau de distribution très rapidement, explique-t-il. Nous avons dû le rebâtir après cette crise pour relancer la machine. » Une opportunité pour pivoter, en privilégiant le contrôle de la distribution. « Nous avons ouvert trois magasins en nom propre et actuellement, nous continuons à développer des accords d'exclusivité avec des magasins », précise Antoine Roset. Cette approche permet à son groupe de maintenir un contrôle strict sur la qualité et l'image de la marque, tout en assurant une présence cohérente sur ce marché, actuellement le troisième du groupe, après la France et la zone Asie-Inde.

Si l'internationalisation commerciale a été intense, il n'a pas été question de multiplier les centres de production à travers le monde. Au contraire, l'entreprise familiale fondée en 1860 à Briord, sur les contreforts du Jura français, est fermement attachée à ses racines. « Cela fait cent soixante-quatre ans que ma famille possède cette société dans l'Ain et nous nous sommes battus pour garder notre production ici, dit-il avec fierté depuis son bureau à Briord. Nous avons plus de 500 personnes en production, et le savoir-faire français est crucial. Délocaliser une partie de notre fabrication irait à l'encontre de tout ce que nous avons défendu jusqu'à présent. »

Ce choix se répercute nécessairement sur les délais de livraison, surtout pour les clients lointains. D'autant plus que Ligne Roset offre une personnalisation élevée et réalise donc généralement les fabrications à la demande. « Pendant la pandémie de Covid-19, les délais de livraison ont été particulièrement allongés, atteignant parfois six mois. Mais nos clients savent que pour obtenir un produit unique et de haute qualité, cela nécessite du temps. Ils reconnaissent l'importance du savoir-faire français dans chaque pièce de mobilier qu'ils achètent »

Ces délais intègrent également une autre exigence du groupe : le recours important au train pour l'acheminement de ses produits, afin de limiter l'empreinte écologique. « Mon nom de famille est le nom de la marque, et donc tout ce que la marque peut faire de dommageable peut contribuer à salir mon nom de famille, rappelle Antoine Roset. Ajouter trois jours à la livraison me paraît juste normal, même à une époque où nous avons pris la mauvaise habitude des livraisons ultrarapides d'Amazon. » Exemple notable : aujourd'hui, un tiers de la production part en Chine par le train. Une « route de la soie » performante vers ce gigantesque marché où le groupe a connu des hauts et des bas depuis son arrivée, dans les années 2000. « Nous avons été doublés par nos propres partenaires, qui ont créé des copies de nos meubles, se souvient Antoine Roset. Nous avons alors compris qu'il fallait investir localement pour créer la confiance et reconstruire notre réseau. Aujourd'hui, nous avons plus de 30 magasins en Chine. » Pendant la pandémie, l'empire du Milieu est même devenu le premier marché du groupe Roset l'espace de quelques mois lorsque la demande locale d'ameublement a explosé.

Adaptation et résilience : des mots d'ordre qui valent aussi bien pour la Chine que pour les États-Unis dans l'histoire de l'export chez les Roset. Régulièrement consulté par des entrepreneurs se questionnant sur l'opportunité de se lancer outre-Atlantique, Antoine Roset est catégorique : « Même si vous touchez un petit pourcentage du marché américain, les possibilités en termes de chiffre d'affaires sont incroyables. C'est donc un marché extraordinaire… Mais c'est aussi un marché hyper-dangereux. Si vous croyez au potentiel de ce marché pour votre entreprise, si vous êtes prêt à y aller, alors il faut investir et s'investir. »

Et d'ailleurs, malgré les réussites en Asie et en Amérique, l'Europe demeure au centre des attentions d'Antoine Roset. Et pas seulement parce que son groupe y réalise 50 % de son chiffre d'affaires, en incluant la France. « Si aujourd'hui on me dit : "Il faut tout fermer, qu'est-ce que tu gardes à l'export ?", je garde l'Europe, parce que c'est solide. Avec les autres pays européens, nous partageons des codes, une même façon de voir, mais aussi la social-démocratie. Si elle a beaucoup d'inconvénients, sa lenteur par exemple, elle garantit de la stabilité. »

# 5

# Est et Ouest : paris gagnés

## TARKETT

Fabrice Barthélemy,
président du directoire

## Tarkett en chiffres

**Chiffre d'affaires en 2023 :** 3,4 milliards d'euros, dont 95 % à l'international.

**Nombre de collaborateurs dans le monde :** 12 000.

**Présence dans le monde :** présence commerciale dans plus de 100 pays ; 23 centres de R&D, 8 centres de recyclage et 34 sites de production dans 20 pays.

Il est assez rare qu'une entreprise abandonne son nom pour celui d'une de ses acquisitions. Ce fut pourtant la décision de la multinationale française spécialisée dans les revêtements de sols Sommer-Allibert, lointaine descendante de l'usine de feutre fondée en 1880 par Alfred Sommer dans les Ardennes et de la fabrique de chaussures montée par Joseph Allibert en 1910 en Isère. En 2003, elle s'est rebaptisée « Tarkett », du nom de l'entreprise suédoise rachetée en 1997. L'objectif était clair : avec ce mot rimant avec *parkett* (« parquet » en suédois), facilement prononçable à travers le monde, le groupe familial affirmait son ambition internationale. De fait, Tarkett est aujourd'hui un acteur global avec de belles réussites, d'abord en Europe de l'Est, puis aux États-Unis, ces derniers représentant aujourd'hui la moitié du chiffre d'affaires du groupe. Deux histoires fort différentes commencées parallèlement au début des années 2000.

Si on regarde d'abord vers l'est, Tarkett a commencé, en avril 2002, en signant une joint-venture avec l'entreprise serbe Sintelon. « L'objectif de notre management de l'époque était d'utiliser cette usine serbe comme un pont vers la Russie », explique Fabrice Barthélemy, l'actuel

PDG. Beaucoup de Serbes sont en effet russophones et vivent avec un pied à l'Est et un autre à l'Ouest. Le marché russe est alors prometteur et d'ailleurs, il a tenu ses promesses. Tarkett a bénéficié à plein du côté précurseur de son implantation. « Cette *success story* s'explique par la prime donnée aux premiers arrivants que nous étions », estime le dirigeant.

Tarkett arrive en effet avec un savoir-faire et un design très novateurs pour la Russie à l'époque. Son succès est fulgurant. Actionnaire initialement à hauteur de 30 % de Sintelon, ces résultats lui permettent de monter progressivement au capital. À l'Est, pour couvrir d'immenses territoires, l'industriel s'appuie sur des grossistes. Ces distributeurs présentent le grand avantage de supporter une bonne partie du stock et de la logistique.

« Certains grossistes travaillent avec nous depuis plus de trente ans et ont pu développer leur business grâce à nous, constate Fabrice Barthélemy. Nous avons noué des relations très solides avec eux, dans une certaine interdépendance. En Pologne ou en Lituanie, si vous veniez avec moi dans une réunion, vous ne sauriez pas forcément qui est le client et qui est le fournisseur. »

À l'Ouest, la trajectoire est tout autre. La *success story* américaine s'explique par un pari réussi sur les revêtements de terrains de sport, un segment qui représente aujourd'hui un milliard d'euros pour Tarkett, soit près du tiers du chiffre d'affaires du groupe. « Le développement aux États-Unis a démarré en 2004 avec l'acquisition d'une société spécialiste des terrains de sport en gazon synthétique », raconte le PDG. Tarkett devient ainsi progressivement un fournisseur reconnu pour les pistes d'athlétisme des collèges et des lycées américains et pour les terrains de sport des collectivités locales dans de nombreux États. Commercialement, couvrir ce territoire gigantesque constitue un défi. Tarkett s'est donc dotée d'équipes mobiles d'installation réparties dans les grandes régions américaines. Le groupe spécialiste des revêtements de sols a également effectué quelques partenariats et acquisitions ciblés pour améliorer sa couverture géographique et son expertise.

« Le marché américain a servi de base à une activité mondiale qui constitue aujourd'hui la première division du groupe en termes de revenus et de rentabilité », indique Fabrice Barthélemy. Les perspectives de ce secteur semblent sans limites. Le marché du sport en extérieur connaît en effet une croissance continue en Amérique depuis vingt ans, et elle s'est encore accrue depuis la pandémie de Covid-19. Et cette tendance gagne le reste de la planète.

Le point commun de ces deux aventures de développement à l'international du groupe, qui constitue le fil rouge de la stratégie de Tarkett, est certainement d'avoir évité de faire de l'export au sens strict pour privilégier l'établissement de bases locales puissantes et pertinentes dans ces différents marchés. « Le développement de Tarkett à l'international s'est fait par petites touches. À chaque acquisition, nous avons pris soin de comprendre les spécificités locales et de nous y adapter. Cela a été la clé de notre succès en Europe, aux États-Unis, et ailleurs. »

Au Brésil, Tarkett a racheté la référence locale, et même si le chiffre d'affaires réalisé en Amérique latine reste très inférieur à celui des États-Unis, l'entreprise y est le leader, loin devant ses concurrents. « En Chine, nous avons eu moins de succès, admet le dirigeant. Nous y avions historiquement des distributeurs, mais nous n'avons pas vraiment pris le contrôle des opérations, et à la suite de la Covid-19, nous avons découvert que, durant les dernières années, notre équipe n'avait pas travaillé uniquement pour nous. »

Ces exemples d'internationalisation valident la pertinence de la stratégie de Tarkett visant à disposer d'une maîtrise du marché dans les pays où l'entreprise est implantée. Ils soulignent également l'importance des spécificités locales, qu'il est nécessaire de prendre en compte. « Les États-Unis et l'Europe semblent proches, mais un monde les sépare dans la conduite des affaires. L'un des principaux facteurs de réussite à l'international est de ne pas sous-estimer les différences culturelles », conclut Fabrice Barthélemy. C'est la condition pour se faire un nom hors de l'Hexagone.

# 6

# Les tribulations d'un Français en Chine

## NEYRET GROUP

Bruno Neyret,
président-directeur général

**Neyret Group en chiffres**

**Chiffre d'affaires en 2023 :** 42 millions d'euros, dont 60 % à l'international.

**Nombre de collaborateurs dans le monde :** 276.

**Présence dans le monde :** présence commerciale dans 25 pays ; 2 pays avec des sites industriels (France et USA).

« Mon père a créé des machines d'assemblage à grande cadence pour des industries de masse », résume Bruno Neyret au sujet de l'entreprise fondée par Guy Neyret en 1987, spécialisée dans la mise au point et la production de machines de haute précision pour des secteurs tels que la pharmacie, la cosmétique ou l'automobile. Autrement dit, Neyret Group conçoit et fabrique les machines des autres industriels. Pour se développer, il faut donc être capable d'embaucher des talents en mécanique, notamment dans les secteurs de l'automatisme ou de la vision industrielle. Chaque nouvelle machine est un prototype.

Docteur-ingénieur, Bruno Neyret a pris la suite de son père en 2016, avec une forte expérience lui donnant les clés pour développer internationalement le groupe familial, aux États-Unis comme en Chine. Il a notamment vécu une expatriation de six ans à Changzhou, lorsqu'il était chez ArcelorMittal. « Je parle et j'écris le chinois, indique-t-il. J'ai appris que pour réussir, il faut d'abord établir un lien social avant de parler affaires. »

Le chef d'entreprise savait aussi le prix de la parole donnée pour établir des relations durables. « Quand vous dites : "Je vais construire une usine", cela est considéré comme un engagement et vos interlocuteurs vont rapidement vous demander des comptes. Tout doit aller très vite, même si, par d'autres côtés, il y a aussi les formalités de la bureaucratie… » Selon lui, les entrepreneurs français méconnaissent trop souvent les usages en Chine, où « tout est plus rapide, plus grand, plus gros ». Palabrer, être flou, tergiverser : c'est le meilleur moyen de tout rater. Bruno Neyret n'a quant à lui pas hésité à prendre des risques, en se dotant d'une capacité de production conséquente. « J'y ai construit une usine pour une industrie qui a besoin de pièces ou de sous-ensembles en acier. » Dans ce pays où la rapidité et l'échelle des projets sont souvent des facteurs déterminants, cette stratégie a permis au groupe de capter l'intérêt de grandes entreprises internationales implantées localement.

Bruno Neyret a-t-il peur du vol industriel en Chine ? « Le risque de copie est bien réel », admet-il, mais avec ses machines d'assemblage de haute technicité, il s'estime protégé de la concurrence déloyale : « Notre avantage repose sur la complexité de nos machines et la longue phase de mise au point. Même si des techniciens chinois copiaient des plans, ils ne pourraient pas reproduire les ajustements et les tests nécessaires pour atteindre les niveaux de performance attendus en termes de cadence, de fiabilité et de reproductibilité. »

Pour s'intégrer efficacement, Bruno Neyret a aussi su miser sur la main-d'œuvre locale et la faire monter en expertise. « J'ai créé une école interne pour former nos propres talents, car les compétences dont nous avons besoin sont très spécifiques. Le processus de formation est long, et il faut souvent entre cinq et dix ans pour former un technicien capable de comprendre les exigences techniques de nos machines. »

Bien entendu, cette expansion réussie tient à la qualité et aux spécificités des machines conçues par Neyret Group, et notamment sa capacité à les adapter aux besoins de ses clients. « Le marché chinois est très compétitif et il fallait convaincre nos clients de la valeur de nos machines, qui coûtent généralement deux fois plus cher que celles de nos concurrents locaux. » Les avantages de l'industriel français : des machines sur mesure, capables de produire plusieurs variantes de produits sur une seule ligne. Un niveau de flexibilité et de précision sans équivalent.

De fait, la performance des machines de Neyret Group est la clé de son développement. Quelque 730 machines ont été vendues dans le monde, aussi bien pour produire des stylos Bic quatre couleurs, des stylos injecteurs d'insuline, des connecteurs électriques de panneaux photovoltaïques, des valves pour parfums ou encore des inhalateurs... Pour renforcer son avantage en termes de technicité et aussi renouveler son ancrage en France, le groupe a acquis, en 2006, une entreprise normande possédant une « technologie de cinématique continue. Ce sont des machines assemblant des produits tout en étant en mouvement, ce qui permet d'augmenter considérablement la vitesse de production », détaille Bruno Neyret.

Parallèlement à son ambitieuse percée asiatique, l'ingénieur a aussi fortement consolidé la présence de son groupe aux États-Unis. En septembre 2021, l'industriel lyonnais a acquis une part majoritaire de Franklin

Automation, spécialisée dans la conception et la fabrication de systèmes d'automatisation, et notamment dans les dispositifs médicaux. Là aussi s'est posée la question de la main-d'œuvre : « Le marché américain présente des défis, notamment au niveau de la maintenance. Aux États-Unis, les techniciens sont souvent dans une logique de réparation rapide (*quick fix*). Cela conduit à des interventions de mauvaise qualité et à un turnover élevé. Pour pallier ce problème, nous concevons des machines demandant très peu de maintenance. »

En 2016, à l'arrivée de Bruno Neyret, l'export représentait environ 40 % du chiffre d'affaires du groupe. Cette part est passée à 65 %, à la fois grâce à une extension de sa présence dans 25 pays et au renforcement de ses capacités en Chine et aux États-Unis. Le prochain objectif de Bruno Neyret est l'Inde. Mais à la différence de la Chine ou des États-Unis, l'industriel manque de repères : « À l'origine, je voulais mettre en place une joint-venture avec une très grosse entreprise, mais je ne suis pas allé au bout de l'opération, raconte-t-il. Finalement, bien m'en a pris, parce qu'en Inde, vous pouvez vous faire dépasser très rapidement par votre partenaire. » Tout cela le conforte dans la nécessité de connaître intimement les ressorts d'un pays et de son marché avant de s'y lancer, surtout lorsqu'il s'agit de territoires aussi vastes et complexes que la Chine, les États-Unis ou l'Inde. Une forme d'humilité essentielle face aux défis de l'export.

# 7

# Avec des locaux, pour des locaux, avec des matériaux locaux

## VICAT

Sophie Sidos,
vice-présidente, et Guy Sidos,
président-directeur général

## Vicat en chiffres

**Chiffre d'affaires en 2023 :** 3,9 milliards d'euros, dont environ 70 % à l'international.

**Nombre de collaborateurs dans le monde :** 10 000.

**Présence dans le monde :** présence commerciale dans 12 pays ; sites industriels dans 12 pays (notamment les États-Unis, le Brésil, le Sénégal, l'Égypte).

Sous l'effet des chocs pétroliers et de la crise économique, les années 1970 ont profondément transformé le secteur cimentier français. Plusieurs petites entreprises familiales ont fusionné ou ont été rachetées par des groupes plus grands, au premier rang desquels Lafarge. Vicat est parvenue à conserver son indépendance car elle avait anticipé ces transformations en investissant dans la modernisation de ses unités de production, les rendant plus économes en énergie. Si elle a malgré tout dû fermer la moitié de ses usines à cette période, elle s'est également sauvée en débutant son internationalisation.

« Mon père s'est dit qu'il lui fallait équilibrer son portefeuille avec des implantations à l'étranger afin de profiter du décalage des cycles économiques », rapporte Sophie Sidos-Vicat, vice-présidente du holding groupe Vicat. En 1974, un an à peine après avoir été nommé directeur général, Jacques Merceron-Vicat, sous l'œil de son père, réalise l'acquisition d'une cimenterie aux États-Unis, à Ragland, en Alabama. Le choix est stratégique : la région est riche en calcaire et recèle de nombreuses ressources énergétiques. Autre atout : le site est situé à deux heures de route d'Atlanta, qui commence alors à se développer et deviendra le premier aéroport au monde. En 1987, le groupe renforce sa présence aux États-Unis avec l'acquisition d'une usine située à proximité de Los Angeles, en Californie. « Vicat était le premier cimentier non américain à s'installer aux États-Unis, précise-t-elle. Cette aventure a marqué le début de notre développement international. »

Ensuite, les acquisitions s'enchaînent. En 1991, Vicat reprend une usine en Turquie, au sud du plateau anatolien, puis, en 1994, une cimenterie près d'Ankara. En 1999, le Français rachète au Sénégal la société Sococim Industries, exploitant une cimenterie à proximité de Dakar, à une famille que les Vicat connaissent depuis une vingtaine d'années. Puis c'est le tour de la Suisse, de l'Égypte, du Mali, du Kazakhstan, de la Mauritanie et de l'Inde. « Notre implantation internationale se fait dans des pays où nous pouvons trouver une sécurité économique et juridique, même si nous savons que les régimes peuvent évoluer, souligne Guy Sidos, PDG de Vicat. Inversement, il y a des zones très rentables dans lesquelles je n'ai pas voulu aller. »

Le dirigeant détaille la méthode avec laquelle Vicat se développe dans un pays. Le mot d'ordre : local. « Nous produisons avec des locaux pour des locaux, et avec des matériaux locaux, explique-t-il. Aujourd'hui, au Sénégal, notre filiale est dirigée par un Sénégalais et ses trois adjoints sont également sénégalais. Nous n'avons pas attendu qu'on nous le demande, cela s'est fait naturellement et au mérite. » Vicat investit actuellement 300 millions d'euros dans une nouvelle installation au Sénégal. « J'ai demandé que les entreprises du projet soient sénégalaises, avec des apprentis locaux, pour que le pays bénéficie de notre investissement à long terme », insiste Guy Sidos.

Pour ce grand projet comme pour le développement de ses filiales, le groupe Vicat traite directement avec les chefs d'État des différents pays où il est implanté. Sophie Sidos-Vicat a d'ailleurs été nommée consule honoraire du Kazakhstan, où le cimentier a inauguré une usine en 2011. « Dans ce pays, notre entreprise s'est fait un nom très rapidement. On y copie même des sacs de ciment Vicat, un peu comme on copie des sacs Vuitton », s'amuse-t-elle. Et d'insister sur l'importance de la dimension culturelle de chaque implantation. Cela passe en premier lieu par le respect des traditions religieuses : on trouve un temple hindou dans l'usine indienne ou une mosquée en Égypte. Et cela peut aller plus loin : « En Inde, nous avons construit des écoles, raconte celle qui est aussi présidente de la Fondation Louis Vicat. Quand je visite les salles de classe, les jeunes élèves me disent tous qu'ils rêvent d'être ingénieurs chez Vicat car ils aiment nos métiers. » Un sens de l'adaptation indispensable. Guy Sidos avertit néanmoins : « Il n'y a pas d'implantation internationale simple. Si on arrive avec nos gros sabots de Français, en imposant nos méthodes, on a toutes les chances d'échouer. » Il cite notamment les États-Unis où, malgré son implantation historique, Vicat a mis du temps à s'adapter aux spécificités du marché. Et en Égypte, c'est la révolution qui a cassé la dynamique de croissance, avant que la situation ne revienne à une certaine stabilité.

Malgré ces difficultés, Sophie et Guy Sidos sont profondément convaincus de l'importance de l'international pour l'avenir de leur groupe. Preuve en est le séminaire organisé en juin 2024 dans les deux usines de Turquie, où les 150 principaux directeurs de l'entreprise ont été réunis. « Ces réunions de *benchmarking* permettent de mieux se connaître et ainsi de gagner en confiance pour avancer plus vite », expliquent-ils.

Autre illustration, l'arrivée de leur fille Éléonore dans le groupe familial : représentante de la huitième génération, elle est aujourd'hui directrice adjointe de la filiale nord-américaine et travaille notamment sur le projet de décarbonation de la cimenterie californienne de Lebec. Elle sait déjà sans doute à quel point la stratégie de diversification géographique de son grand-père a montré son efficacité lors de la crise de la Covid-19. Compte tenu de la diversité des réponses politiques selon les pays, Vicat est parvenue à traverser cette période compliquée sans trop de heurts et a même modernisé son usine emblématique en Alabama en pleine pandémie. Un investissement colossal de plus de 300 millions d'euros destiné à doubler la capacité de production, mais aussi une excellente manière de sécuriser l'avenir.

# 8

## L'association plutôt que la fusion

## FORVIS MAZARS EN FRANCE

Olivier Lenel,
président du directoire

## Forvis Mazars en chiffres

**Chiffre d'affaires en 2022-2023 :** 2,8 milliards d'euros, dont 520 millions d'euros en France et 82 % à l'international.

**Nombre de collaborateurs dans le monde :** 33 470, dont 13 % en France.

**Présence dans le monde :** 103 pays.

L'expansion internationale d'une structure entièrement portée par des associés constitue un défi. Tous dans tout, pourrait-on dire : cela impose le consensus. Et pourtant, le cabinet fondé en 1945 dans une petite rue en bordure de Seine à Rouen par Robert Mazars a bien grandi. Le groupe est maintenant présent dans plus de 100 pays à travers le monde et capable de rivaliser avec les *Big Four* anglo-saxons de l'audit et du conseil. Son rapprochement en 2024 avec le cabinet américain Forvis est venu comme une sorte de consécration de cette stratégie de croissance. En témoigne le changement de nom.

Tout a commencé très simplement : « L'histoire qu'on m'a toujours racontée, c'est que lorsque nos grands clients, Pernod Ricard ou Publicis, développaient leur business à l'international, ils nous faisaient confiance et on ouvrait un bureau de Mazars dans ces pays, souvent d'ailleurs en y envoyant des Français », relate Olivier Lenel. Le président du directoire de Forvis Mazars en France se souvient avoir un jour rencontré un ancien directeur financier de Pernod Ricard, qui l'a abordé en lui lançant : « C'est moi qui vous ai emmené en Australie ! »

Après de premiers pas hors de l'Hexagone, c'est au tournant des années 1990 que l'entreprise a pris son vrai envol à l'international, à l'instigation du successeur de Robert Mazars. « En 1991, nous n'étions encore qu'un cabinet français avec quelques bureaux à l'étranger, mais nous avons passé la vitesse supérieure sous l'impulsion de Patrick de Cambourg », note Olivier Lenel, qui est justement entré chez Mazars cette année-là après des études d'agronomie. Le cabinet se rapproche alors de plusieurs entités internationales, notamment en Hollande ou au Royaume-Uni.

Cette expansion se fait par fusions, sans *goodwill*. « Notre modèle repose sur une approche de *partnership* intégré. Nous nous associons avec des cabinets dans différents pays en leur proposant d'adopter notre modèle global. » Cette méthode exige de longues discussions, une forte convergence de valeurs et un certain sens de l'intérêt général, pour s'assurer que l'autre partie adhère bien au modèle d'une croissance durable sur un temps long.

« Nous avons commencé par une phase d'investissements en Allemagne, et finalement, notre fusion avec RBS, un cabinet local, a permis de renforcer considérablement notre présence dans ce pays : aujourd'hui, ce marché est le troisième en termes de chiffre d'affaires ». Ce pacte du temps long a été rompu de façon très exceptionnelle par certains associés démissionnaires tentant d'emmener des clients. « C'est toujours un coup dur lorsque cela arrive, mais nous avons toujours su rebondir. Ce type d'événement renforce même notre modèle d'intégration, qui repose sur un engagement à long terme avec nos associés », raconte le dirigeant français.

La structure capitalistique de Forvis Mazars se répercute dans la manière de travailler. « Nous cherchons à maintenir partout un modèle cohérent de qualité et d'excellence », insiste Olivier Lenel, ce qui confère à la fois une grande liberté et une forte cohérence au sein de l'organisation. « Nos clients internationaux apprécient cette approche. Cela nous permet de rivaliser avec les plus grands tout en maintenant notre indépendance, ajoute-t-il en évoquant cet exemple : en Suisse, nous avons développé notre présence de manière remarquable ces dernières années, en laissant une totale autonomie au management du pays. »

Garantie de qualité et d'indépendance, ce système l'est aussi en termes d'implication et de facilitation des activités internationales, en témoigne le calcul de la rémunération des associés, qui suit cette même logique : « Son montant dépend du profit mondial, car nous ne sommes pas un ensemble de firmes indépendantes », indique le dirigeant. Sa propre rémunération dépend donc aussi des résultats de ses collègues en Grande-Bretagne ou au Mexique…

« Dans les grands audits internationaux, les clients allemands ou français nous choisissent parce qu'ils savent qu'il y a une unité de commandement plus claire chez Forvis Mazars », affirme Olivier Lenel. En ligne de mire : les *Big Four*, le quatuor de cabinets qui domine traditionnellement le secteur, tout particulièrement aux États-Unis et en Grande-Bretagne. Être capable d'apporter une alternative sur leur terrain, voilà le grand défi. C'est pourquoi le rapprochement avec l'américain Forvis a été si crucial.

« Nous étions présents aux États-Unis depuis longtemps mais de manière limitée. Notre relation de vingt ans avec les gens de Forvis nous a permis de passer avec eux un deal de conviction. »

À enjeu majeur, traitement exceptionnel. Contrairement au modèle développé par Mazars dans le reste du monde, les deux sociétés restent indépendantes, tout en fonctionnant selon le sacro-saint système de *partnership*. « Plutôt qu'une fusion, c'est la constitution d'un réseau de deux membres qui forme de loin l'organisation mondiale la plus intégrée au plan opérationnel, souligne Olivier Lenel. Nous souhaitions capitaliser sur nos différences, reconnues par le marché, et une culture européenne rare dans notre industrie. » L'entité américaine représente 2 milliards de dollars de chiffre d'affaires (1,85 milliard d'euros), contre 3 milliards d'euros pour le reste du monde, et emploie 7 000 personnes, incluant les anciens de la filiale Mazars USA.

Les associés français gardent une voix importante au sein du *partnership* Forvis Mazars Group (c'est-à-dire l'ensemble des pays du monde hors États-Unis). Grâce à cet accord sur mesure, le cabinet est parvenu à préserver ses racines françaises, même si son pays d'origine ne représente presque « que » 520 millions d'euros de ses revenus, sans renoncer à ce système d'association qui fait son identité. Et dans le même temps, Forvis Mazars a acquis la puissance et la légitimité nécessaires pour auditer et accompagner les groupes multinationaux aux États-Unis comme dans la plupart des pays. Une *success story* pour le cabinet fondé à Rouen par Robert Mazars.

# 9

## L'export, c'est exister

# DASSAULT SYSTÈMES

Bernard Charlès,
président

**Dassault Systèmes en chiffres**

**Chiffre d'affaires en 2023 :** 5,95 milliards d'euros, dont 40 % en Amérique, 38 % en Europe, 22 % en Asie.

**Nombre de collaborateurs dans le monde :** 23 800, dont 41 % dans les équipes R&D, (39 % en Europe, 28 % en Amérique, 33 % en Asie).

**Présence dans le monde :** 150 pays.

La *Harvard Business Review* a consacré un *case study* à l'histoire de Dassault Systèmes, un modèle du genre, dans son édition de mars 2010. Tout débute en 1981, lorsque Marcel Dassault mandate son bras droit, Charles Edelstenne, pour créer une filiale destinée à exploiter un projet révolutionnaire issu de la recherche aéronautique et s'appuyant sur l'idée de « virtualisation du monde » : le logiciel Catia, pour « Conception assistée tridimensionnelle interactive appliquée ». La petite équipe d'ingénieurs de Dassault Systèmes est bientôt rejointe par un jeune normalien en fin de thèse de mécanique : « Je suis arrivé dans l'entreprise quand elle comptait à peine 15 personnes », note Bernard Charlès.

Charles Edelstenne conclut alors un deal commercial avec IBM. Cet accord mondial porte sur le marketing, les ventes et le support, et va lancer Dassault Systèmes : « Il leur a dit : "Écoutez, je peux développer une technologie que vous n'avez pas mais que vous pouvez vendre – on partagera à 50-50", raconte Bernard Charlès. Et il faut se rappeler la puissance inouïe d'IBM de l'époque. » Avec une telle caution, trois premiers contrats viennent démontrer rapidement la valeur de Catia, notamment pour ses applications dans l'automobile – que Honda utilise pour mettre au point les matrices de ses véhicules. Dassault Systèmes signe aussi avec BMW et Grumman Aerospace, devenu depuis Northrop Grumman. « Ce succès nous a donné l'envie irrépressible d'aller voir ailleurs pour gagner des marchés, d'abord aux États-Unis et au Japon, puis en Corée. » En 2010, Dassault Systèmes prend le contrôle de la totalité des réseaux de distribution avec l'acquisition d'IBM PLM (division d'IBM dédiée au marketing, à la vente et au support de ses logiciels).

La deuxième phase du décollage de l'entreprise est tout aussi impressionnante. Boeing décide de lancer son 777 sans fabriquer de prototype physique, grâce à Dassault Systèmes, capable de lui fournir un avion virtuel. « C'est une histoire incroyable qui a révolutionné l'ensemble du *manufacturing* », s'enthousiasme Bernard Charlès.

De ce parcours sans faute, le président de Dassault Systèmes retient la qualité du management de partenariat. « Vous trouvez peu de livres là-dessus, note-t-il. J'ai passé beaucoup de temps avec nos équipes à leur expliquer comment devenir indispensables à nos clients, en leur apportant ce qu'ils ne savent pas faire, dans un état d'esprit de réussite partagée. » C'est ce qu'il nomme le « *working together* », inspiré par Alan Mulally, qui dirigeait Boeing à l'époque. Pour gérer ce type de codéveloppement, Bernard Charlès a pris l'habitude d'installer chez ses clients un management selon les appétences du partenaire. La méthode du directeur de Dassault Systèmes est à ce point performante qu'Alan Mullaly, auréolé par la réussite du 777, lui passe un jour ce coup de fil :

« Bernard, peux-tu être à mon bureau en début de semaine prochaine, à Dearborn ?

— Tu vas faire des avions dans le Michigan ? lui demande Charlès.

— Non, non, tu vas voir la presse ce week-end, ils vont annoncer que je suis le nouveau dirigeant de Ford. »

Mullaly veut demander conseil à Bernard Charlès sur la stratégie de sauvetage de la mythique marque automobile, alors en perdition. Le mardi suivant, alors que l'héritier Bill Ford réunit son *board*, les deux hommes s'isolent durant quatre heures pour dessiner la stratégie de transformation de l'industriel. Le succès de Ford fait entrer Mullaly au panthéon des dirigeants d'entreprises américaines.

De fait, les rencontres de Bernard Charlès créent de nouvelles opportunités dans des domaines parfois inattendus. En témoigne cet échange avec un professeur de médecine à Harvard : « Il m'explique que les essais cliniques fonctionnent comme si Boeing devait réaliser une centaine de petits prototypes, les faisait tous décoller, et puis regardait ceux qui restent en l'air pour déterminer le modèle à produire », se souvient le président, qui découvre à cette occasion le potentiel gigantesque d'un prototypage virtuel pour accélérer les tests médicaux. Forte de cette perspective, Dassault Systèmes acquiert Medidata, en 2019, pour son expertise clinique et ses solutions de *cloud computing* permettant le développement et la commercialisation de thérapies plus intelligentes. « Avec Medidata, nous avons pu réduire le cycle des essais cliniques de quatre ou cinq ans à moins d'un an », explique Charlès. Et cette innovation a joué un rôle crucial dans la recherche du vaccin contre la Covid-19.

Malgré tout, une telle réussite ne s'écrit pas sans moments de doute. Bernard Charlès situe le moment le plus ardu au milieu des années 1990 : « Un concurrent américain de la nouvelle génération a débarqué et nous ne l'avions pas vu venir, se souvient-il. Il avait inventé une technologie que nous n'avions pas. » Piqué au vif, Bernard Charlès, voyant ce concurrent marcher sur ses plates-bandes, décide de jouer son va-tout pour sauver un gros contrat. « J'avais face à moi le PDG et ses deux vice-présidents. Ils m'expliquent leur intention d'ajouter ce logiciel concurrent au nôtre. Et je leur dis : "Vous savez, ce concurrent a une nouvelle architecture, mais moi, je sais quelle sera la prochaine génération, et lui non. Je la développerai avant lui." » Convaincu, ce PDG décida de confier tout le marché à Dassault Systèmes. Trois ans plus tard, le Français retrouve l'un des vice-présidents de ce groupe au moment de la sortie de leur projet commun, et ce dernier lui glisse : « Le jour où j'ai vu ton investissement personnel dans notre prise de décision, j'ai décidé que tu serais notre seul fournisseur. » Bernard Charlès a gardé de cette période l'habitude de toujours commencer à travailler sur la plateforme de la génération suivante deux ans avant d'en livrer une nouvelle. Il est ainsi parvenu à dépasser ses concurrents à travers le monde, les uns après les autres.

Des histoires comme celles-ci, le président de Dassault Systèmes en a des dizaines. Aujourd'hui, l'entreprise réalise environ 90 % de son chiffre d'affaires à l'international et se développe sur les marchés émergents, qui représentent un potentiel considérable. L'Inde, avec sa dynamique industrielle et ses puissants conglomérats Tata Motors et Mahindra, avec lesquels il a noué des relations de longue date, devient une cible stratégique. Dassault Systèmes est aussi très actif en Chine et au Brésil. « L'export, c'est exister », résume Bernard Charlès.

# 10

# Exporter ou mourir

## THUASNE

Elizabeth Ducottet,
présidente

## Thuasne en chiffres

**Chiffre d'affaires en 2023 :** 300 millions d'euros, dont 65 % à l'international.

**Nombre de collaborateurs dans le monde :** 2 400, dont la moitié en France.

**Présence dans le monde :** 20 filiales et 110 distributeurs internationaux.

En 1991, lorsqu'elle reprend, du jour au lendemain, les commandes de l'entreprise dirigée par son père, victime d'un AVC, Elizabeth Ducottet comprend très vite que l'avenir de Thuasne se joue hors des frontières hexagonales. La psychologue de formation formule rapidement un double diagnostic : « D'abord, si nous n'allions pas à l'international, la croissance allait être extrêmement difficile. Nous détenions 30 % du marché français. Gagner 10 points de plus serait très ardu et, d'une certaine manière, un peu vain. Et puis je me suis dit que, pour être européens, nous devions être présents en Allemagne. »

Outre-Rhin, où elle acquiert la société Zimmermann, spécialiste de la compression veineuse, les choses s'avèrent compliquées. « Je prenais l'avion du soir et je devais conduire deux heures pour arriver à l'usine, située non loin de l'ancienne Allemagne de l'Est, dans un pays tout juste réunifié. J'arrivais là-bas à la nuit tombée et je sentais bien que les salariés de Zimmermann n'avaient pas du tout envie de me voir. Durant le dîner, ils se parlaient en allemand, sachant que je ne comprendrais rien, et se racontaient des histoires entre hommes, de manière à bien me faire comprendre que je n'étais pas de leur monde. »

Sans céder au découragement, Elizabeth Ducottet tient son cap et prouve à ses partenaires allemands quelque peu méprisants que ses produits sont de qualité. Elle s'imprègne également des bons côtés de leur méthode, basée sur la précision et l'efficacité. Elle change aussi progressivement les équipes, convaincue de l'importance fondamentale d'une ambition partagée.

Sa vision : installer son entreprise spécialiste d'orthopédie, de textile médical et du maintien à domicile comme acteur de référence du secteur de la santé. « Un dispositif médical n'est pas qu'un petit accessoire complémentaire, mais bien une thérapeutique à part entière, non médicamenteuse », affirme la dirigeante. Le positionnement haut de gamme s'avère d'ailleurs le meilleur passeport pour l'étranger. « Si on veut être français et le rester, la bagarre sur les prix ne fonctionne pas. Dans notre métier, une heure de travail expert en Tunisie coûte 6 euros. En Roumanie, c'est 13 euros. Et sur notre site de Saint-Étienne, il faut compter 30 euros. » La solution : miser sur la recherche, l'innovation, le design. Thuasne possède actuellement 200 brevets actifs et 30 études cliniques en cours. Divers prix de design sont venus récompenser ces efforts.

Pour développer le marché international, Elizabeth Ducottet a avancé à l'instinct, en n'hésitant jamais à sauter dans un avion, de préférence en classe éco, pour s'immerger dans la vie d'un pays qu'elle ne connaissait pas, s'imprégner de la culture locale et capter les tendances. « Il faut que le dirigeant y aille lui-même. On ne fait pas ça depuis un bureau de Paris. On y va en se promenant dans les magasins, en regardant les gens vivre et en se disant : "Comment va-t-on s'adapter à ces gens-là ?" »

Même pragmatisme lorsqu'il s'agit de trouver la meilleure stratégie d'implantation pour un nouveau pays :

ouverture d'une société locale, acquisition, partenariat... Depuis 1994, Thuasne a créé des filiales en Italie, aux Pays-Bas, en Espagne, en Tchéquie, en Slovaquie, aux États-Unis, en Hongrie, en Suède et en Algérie. Elle a ouvert un bureau commercial au Japon et acquis plusieurs sociétés à travers le monde : l'espagnole Pérez-Prim, spécialiste des dispositifs orthopédiques, la néerlandaise Vihome, spécialiste du maintien à domicile, l'allemande Thamërt, spécialiste des prothèses mammaires externes, les suédoises Begat et Mediband et l'américaine Townsend Design. Elle a ouvert une plateforme de vente en ligne en Chine.

Elizabeth Ducottet n'hésite pas non plus à miser sur la diplomatie commerciale française. Elle s'est envolée pour le Japon à l'occasion d'une visite de Jacques Chirac et, plus tard, a accompagné en Inde Christine Lagarde, alors ministre déléguée au Commerce extérieur. Elle a ainsi pu créer les premiers contacts d'un réseau sur le sous-continent et, *in fine,* identifier l'entreprise Tynor, dont elle acquerra 30 %. « Aujourd'hui, c'est peut-être le plus bel actif que je vais laisser à mes enfants », souligne-t-elle. La société indienne occupe une position de leader dans un marché gigantesque et affiche une croissance insolente.

L'heure est en effet venue de passer la main à la sixième génération pour cette entreprise issue de Cattaert et Compagnie, fondée à Saint-Étienne en 1847 par Auguste Cattaert et à l'origine spécialisée dans le commerce de rubans et articles pour chapeaux. Les trois enfants d'Elizabeth Ducottet ont rejoint Thuasne : Delphine est directrice générale, Anne-Sophie est directrice marketing et communication, et Matthieu est directeur de l'innovation.

Le temps long inscrit dans l'ADN d'une telle entreprise de taille intermédiaire (ETI) à capital familial s'avère un atout considérable pour le développement international. « Les ETI représentent 25 % de l'économie française et 30 % des exportations, note la PDG, qui a été récompensée en septembre 2024 par le Grand Prix BFM Business des ETI dans la catégorie "Présence à l'international". Cela montre que nous sommes "sur-exportateurs" par rapport aux autres. Chez Thuasne, nous avons pris notre risque quand il le fallait, en autofinançant cette expansion. Il a fallu convaincre le banquier et nous lancer. » Parfois, il faut prendre ses pertes : la société achetée aux Pays-Bas, dépendante de trop peu de clients publics, ou encore une filiale italienne qui n'a jamais réussi à décoller...

Pour Elizabeth Ducottet, la poursuite de l'expansion internationale est conditionnée par des éléments externes. En premier lieu, l'énergie : « Nous avons fait des efforts de sobriété, nous avons mis des panneaux solaires sur les toits des usines, mais il est vrai qu'il y a des endroits où l'énergie coûte quatre à cinq fois moins cher que chez nous, en Europe. » Et puis, surtout, la logistique : « Les prix du transport en bateau sont complètement fous, on a vu les coûts multipliés par dix en quelques semaines, certaines entreprises exportatrices en sont mortes », s'insurge-t-elle.

Thuasne s'est donc adaptée. « Nous avons maintenant des bases industrielles aussi proches que possible de nos marchés, aux États-Unis et au Mexique, en Europe pour l'Europe, et notre base indienne dessert nos marchés asiatiques. Nous continentalisons notre industrie auprès de nos marchés. »

# 11

## Arbitrer entre exporter et produire localement pour chaque pays

## INVIVO

Thierry Blandinières,
directeur général

## InVivo en chiffres

**Chiffre d'affaires en 2023 :** 11,7 milliards d'euros, dont 52 % à l'international.

**Nombre de collaborateurs dans le monde :** plus de 15 000, dont 70 % en France.

**Présence dans le monde :** 38 pays.

En décembre 2021, l'union de coopératives agricoles InVivo, née en 2001 de la fusion des deux unions nationales de coopératives de collecte et d'approvisionnement, annonce officiellement l'absorption de son concurrent français, le groupe céréalier-malteur Soufflet. Elle devient alors un acteur incontournable sur la scène mondiale de l'agriculture, présente « du champ à l'assiette », des semences à la distribution, avec les enseignes Jardiland et Gamm Vert, en passant par le négoce, la meunerie, la boulangerie industrielle et la malterie. De fait, avec un chiffre d'affaires de près de 12 milliards d'euros et une présence dans 38 pays, « InVivo vise à créer un champion européen capable de rivaliser à l'échelle internationale avec des géants de l'agroalimentaire américains et chinois, souligne Thierry Blandinières, son DG. Les filières céréales et orge sont aujourd'hui dans le top 3 ou 4 mondial, ce qui nous pousse à consolider encore plus notre position pour devenir un acteur majeur, en Europe et au-delà. » Son objectif : créer « un Airbus de l'agriculture ».

Le hasard de l'histoire fait que, fin 2021, au moment où il devait organiser l'arrivée des équipes de Soufflet,

Thierry Blandinières se trouve confronté à un contexte mondial extrêmement inflammable. « Le jour où nous faisons le *closing*, la guerre en Éthiopie éclate, se souvient-il. Trois mois plus tard, le conflit russo-ukrainien éclate. Et il faut savoir que nous avons de nombreux salariés là-bas : 400 personnes en Russie et 500 personnes en Ukraine... » Avec le recul, le dirigeant estime que cette coïncidence a priori fâcheuse s'est plutôt révélée être une opportunité : « Les deux entités ont fait bloc face à la crise ».

D'une certaine manière, la situation géopolitique a même validé la stratégie d'InVivo : l'internationalisation constitue la meilleure manière de gérer les multiples risques auxquels sont confrontées aujourd'hui les filières des matières premières alimentaires. « Il devient possible d'exporter ou au contraire de produire localement en fonction des problématiques des pays, de la volatilité des prix et des taxes, des aléas du climat, et ainsi d'éviter les ruptures d'approvisionnement, explique le dirigeant. Aujourd'hui, notre trading est bien plus rentable grâce à cette approche multi-origination, multi-destination, et cela nous confère une grande agilité. »

Par exemple, en 2022, il a fallu repenser totalement les routes commerciales du blé car il devenait évident que Vladimir Poutine utilisait les céréales comme une arme géopolitique : « Au moment du règlement du conflit érythréen, j'ai rencontré le Premier ministre éthiopien et je lui ai proposé de l'aider pour son approvisionnement en blé, raconte-t-il. Mais il m'a répondu qu'il n'avait aucun problème d'approvisionnement grâce à un accord avec la Russie. » Face à cette concurrence croissante de la

Russie, devenue en un temps record le premier exportateur mondial de céréales et capable de créer de la pénurie pour faire exploser les prix, InVivo a repensé et diversifié ses partenaires commerciaux. Historiquement très dépendant de l'Algérie, passée dans la zone d'influence russe, le groupe français a donc réorienté ses activités et sécurisé des débouchés dans des pays comme l'Arabie saoudite et l'Amérique du Sud. InVivo voit aussi l'Asie comme une zone très stratégique et utilise sa plateforme à Singapour pour la desservir.

Le changement climatique étant une autre source très importante d'incertitudes, le groupe s'est organisé pour avoir toujours des solutions alternatives en cas de très grosses intempéries mais aussi, à plus long terme, pour prendre en compte le changement des géographies des meilleures zones cultivables. Par exemple, s'agissant de l'orge brassicole, le groupe peut ainsi garantir la même qualité de malt aux cinq ou six clients représentant 70 % du marché mondial du secteur ultra-concentré de la bière. « En tant que leader mondial du malt, nous devons pouvoir ajuster nos sources d'approvisionnement et nos méthodes de production en fonction des conditions locales pour garantir une qualité constante à nos clients, où qu'ils soient dans le monde et quelles que soient les perturbations climatiques ou géopolitiques. »

Pour piloter cet immense système et tous ces paramètres, InVivo s'est dotée d'une *digital factory*, dont la première mission est d'offrir une marketplace à ses clients, plateforme alimentée sur laquelle ils ont accès à toutes les données disponibles en termes d'agronomie, de qualité de sol, de crédits carbone... « Nous avons déjà investi environ 100 millions d'euros, avec une équipe de 150 personnes qui développent cette marketplace depuis maintenant deux ans, détaille Thierry Blandinières. Cette task force utilise l'intelligence artificielle et travaille beaucoup avec Microsoft. Le Français se félicite du rapide retour sur investissement numérique, permis à la fois par de très fortes augmentations de sa capacité industrielle, de l'ordre de 20 à 25 %, et d'importantes réductions de coûts énergétiques.

À la tête d'InVivo depuis maintenant dix ans, le dirigeant constate qu'« on a souvent tendance, en France, à dire que l'export, c'est super et facile. Moi, je pense qu'il faut relativiser et se dire que l'international est un processus de long terme. Il faut y aller étape par étape, structurer les choses, prendre le temps d'apprendre. Une fois installé, cela peut se révéler très intéressant, mais tout cela prend du temps. Il ne faut pas y voir la solution miracle quand on ne vend pas suffisamment en France. » C'est ainsi que, lorsqu'il évoque le conflit en Ukraine, il rappelle qu'InVivo, qui est resté présent en Russie uniquement pour le marché local, en coordination avec l'Organisation des Nations unies pour l'alimentation et l'agriculture (FAO), a décidé de maintenir ses liens avec l'Ukraine pour être capable de relancer la machine de production céréalière dans l'après-guerre, quand le temps sera venu, dans le cadre d'un « plan Marshall » qui commence à être imaginé.

# 12

# Une mondialisation à visage local

## VALEO

Jacques Aschenbroich,
ancien président-directeur général

## Valeo en chiffres

**Chiffre d'affaires en 2023 :** 22 milliards d'euros, avec moins de 50 % réalisés en Europe.

**Nombre de collaborateurs dans le monde :** 112 700, dont 13 % en France.

**Présence dans le monde :** 29 pays.

Jacques Aschenbroich a toujours eu ce qu'il appelle un « tropisme chinois très fort ». Depuis le début des années 1990, lorsqu'il travaillait chez Saint-Gobain, il se rendait en Chine trois à quatre fois par an, observant l'émergence fulgurante du marché chinois. « La Chine, déjà à cette époque, était *high-tech* et *high-speed,* tout en étant progressivement *high-quality* et *low cost,* analyse-t-il. Le diagnostic reste aujourd'hui le même. »

Quand il devient directeur général de Valeo, en 2009, la Chine représente à peine 3 % de l'activité de l'équipementier automobile. Un de ses premiers impératifs est donc d'amener son groupe à investir vite et fort dans l'empire du Milieu en associant les membres de son conseil d'administration à la décision. « N'allez-vous pas trop vite en Chine ? » se demandent alors certains. Pour lever ces craintes et faire constater le potentiel gigantesque de cette économie, Jacques Aschenbroich organise un séminaire sur place en 2013. Bilan des participants : « Ne va-t-on pas trop lentement en Chine ? »

Concernant la méthode, le dirigeant marque aussi une rupture. Son prédécesseur, Noël Goutard, avait conclu de multiples associations en Asie, notamment avec un homme d'affaires rencontré durant la guerre de Corée. La joint-venture coréenne est d'ailleurs une des rares que Jacques Aschenbroich préservera. Pour le reste, celui qui est aujourd'hui président d'Orange en a toujours été convaincu, « dans le monde de l'automobile, il faut être seul dans chaque pays ». Cette indépendance permet de servir de manière pertinente les clients locaux et de les accompagner ensuite dans leur développement global.

« Cela a été un succès, juge-t-il avec le recul, à la fois s'agissant de la présence locale et de l'accompagnement des clients, qui est un enjeu considérable aujourd'hui. » La formidable croissance de Valeo en Chine en est la preuve. D'autant plus qu'elle s'est principalement faite par croissance organique, avec quelques acquisitions ciblées. « Tout ce développement s'est fait sans injecter de capital, par autofinancement, et même, s'agissant de la Chine, en versant systématiquement des dividendes », souligne-t-il.

Lorsque Jacques Aschenbroich quitte Valeo, fin 2022, Valeo Chine représente près de 20 % du chiffre d'affaires de l'équipementier, avec 34 sites et quelque 20 000 employés, dont 3 000 pour la recherche et le développement. Dans ce secteur, « il faut être très présent auprès des clients, souligne l'ancien dirigeant de Valeo. C'est pourquoi j'allais en Chine quatre à cinq fois par an, pour maintenir des contacts étroits avec nos équipes et nos clients et rester à l'écoute de leurs besoins. »

Il ne s'agit pas d'y faire tourner des usines à bas coût pour exporter dans le reste du monde, bien au contraire : la production et la recherche localisées en Chine sont essentiellement destinées au marché automobile chinois. Ce dernier est en effet devenu le plus important au monde, avec 30 millions d'unités vendues en 2023. C'est aussi le marché le plus dynamique de la planète en matière de véhicules électriques. Les consommateurs se révèlent toujours prêts à tester des innovations. En 2021, Valeo a même inauguré à Pékin son China Innovation and Mobility Center pour développer des solutions nouvelles, notamment à l'aide de l'intelligence artificielle.

Dans une industrie où il n'a qu'une quinzaine de clients à travers le monde, Jacques Aschenbroich en est convaincu, l'équipementier n'a en effet d'autre solution que de se démarquer par sa capacité d'innovation. Sous sa houlette, l'industriel français est devenu, année après année, le premier déposant de brevets en France. « La seule manière de gagner de l'argent dans l'automobile, c'est de faire beaucoup de R&D et de standardiser », ajoute-t-il. Car la standardisation des processus de fabrication et des produits permet de réduire les coûts et d'accroître les marges dans cette industrie à fort coût de prototype. Valeo investit donc dans les voitures autonomes, les mobilités électriques...

Jacques Aschenbroich ne néglige pas pour autant les autres marchés mondiaux comme l'Amérique du Nord, l'Inde et, bien sûr, l'Europe. Le marché américain représente aujourd'hui une solide part de 20 % du chiffre d'affaires global de Valeo et le groupe a su imposer une image de *tech company*, en affichant ses innovations au Consumer Electronics Show (CES) de Las Vegas. « Aux États-Unis, si vos produits sont bons, vous réussirez », affirme l'ex-PDG. Quant à l'Inde, pays où le taux d'équipement en voitures est encore réduit, Valeo s'est adaptée au marché, avec par exemple des rickshaws électriques, les emblématiques tuk-tuks. En 2012, Valeo a inauguré un centre de recherche et développement à Chennai. « Nous avons fait ces développements avec l'idée qu'un jour, l'Inde pourrait représenter une alternative à la Chine », note le dirigeant.

En attendant, l'empire du Milieu conserve une place très spéciale chez Valeo. Et d'ailleurs, comment l'évoquer sans parler de la pandémie de Covid-19 ? Dans la région du Hubei, où se trouve Wuhan, Valeo compte environ 4 000 collaborateurs. L'industriel s'est donc retrouvé aux avant-postes de l'épidémie dès janvier 2020, avec la fermeture de l'ensemble de ses usines le 10 février. « Nous avons mis en place des protocoles pour protéger nos collaborateurs, apprendre à décontaminer et redémarrer une usine. Cela nous a été très utile ensuite en Europe », se souvient Jacques Aschenbroich. Une avance qui s'est avérée déterminante après la crise sanitaire elle-même, lorsque le redémarrage de l'industrie automobile mondiale a été considérablement freiné par le manque de composants électroniques. « L'entreprise a mis en place des systèmes de suivi sophistiqués pour gérer cette complexité et nous avons été le seul équipementier à ne jamais arrêter de livrer un client », se félicite l'ancien PDG. Intarissable sur la Chine, ce dernier répète toutefois un mantra en matière industrielle à destination de tout industriel en pleine internationalisation : « Je ne crois pas aux entreprises apatrides. »

# 13

## Se reposer ou rester libre, il faut choisir

## EURONEXT

**Stéphane Boujnah,**
**président du directoire**

## Euronext en chiffres

**Chiffre d'affaires en 2023** : 1,475 milliard d'euros, dont 74 % à l'international.

**Nombre de collaborateurs dans le monde** : 2 315, dont 81 % hors de France.

**Présence dans le monde** : 19 pays.

Né en 1964 à Sfax, en Tunisie, d'un père ouvrier juif tunisien et d'une mère institutrice savoyarde, ayant grandi en Meurthe-et-Moselle, Stéphane Boujnah, diplômé de la Sorbonne et de l'université du Kent, cofondateur de SOS Racisme en 1984, était bien armé pour créer des ponts entre des équipes de différentes cultures. Une qualité déterminante au moment où il a pris la tête d'Euronext, en 2015, en pleine tourmente.

À son origine, en 2000, issue de la fusion des Bourses de Paris, Amsterdam et Bruxelles, l'opérateur financier avait été doté d'une structure fédérale, avec l'ambition de créer une place boursière européenne intégrée. Ce modèle avait été conçu pour permettre à chaque Bourse nationale de conserver une certaine autonomie tout en bénéficiant des avantages d'une infrastructure commune. En 2007, Euronext avait fait un grand pas en avant – qui se révélera un pas de trop – en se connectant au New York Stock Exchange (NYSE), créant ainsi NYSE Euronext. Cette opération a tourné au fiasco après des tentatives de rapprochement avec les Bourses de Londres et de Berlin.

En 2014, Intercontinental Exchange (ICE), nouvellement propriétaire d'Euronext, décidait de s'introduire lui-même en Bourse, et c'est dans ce contexte difficile que Stéphane Boujnah, ancien conseiller de Dominique Strauss-Kahn, alors DG de Santander Global Banking & Markets pour la France et le Benelux, est recruté à l'été 2015. « Personne ne voulait le job », prétend-il aujourd'hui. Une certitude, le défi était immense : il s'agissait de redresser une entreprise en crise existentielle et de rétablir sa position sur le marché européen.

Stéphane Boujnah va déployer sa propre méthode. Adepte de la maxime de Thucydide « se reposer ou rester libre, il faut choisir », qu'il se répète comme un mantra, il comprend que la première étape du retour à la performance, condition *sine qua non* de l'indépendance, consiste à huiler les rouages humains. Il faut commencer par déminer la féroce guerre de tranchées opposant Français et Néerlandais. Il part donc vivre à Amsterdam et se retrousse les manches. « Les Français se plaignaient des Néerlandais, trop têtus, et ces derniers ne supportaient plus les Français, jugés arrogants, raconte-t-il. J'ai passé un an à expliquer aux Hollandais que les Français n'étaient pas arrogants mais ambitieux, et aux Français que les Néerlandais étaient surtout très déterminés. »

Sur ces bases assainies, une stratégie de conquête peut être lancée. Et le président d'Euronext, imprégné de ses lectures de livres d'histoire, mène ses acquisitions de la même manière, en commençant par le facteur humain. Pour réussir la prise de contrôle de la Bourse de Dublin, bouclée en mars 2018, Stéphane Boujnah a passé du temps à comprendre l'Irlande. En visitant par exemple le musée de l'Insurrection de Pâques 1916, moment fondateur de l'histoire du pays, ou en montrant, lors de ses rencontres avec ses futurs partenaires potentiels et les acteurs locaux, qu'il a saisi la différence entre les habitants de Cork et ceux de Dublin.

Lorsqu'il se lance à l'assaut de la Bourse d'Oslo, il décide, contrairement à ses concurrents américains du Nasdaq, pressés de parler business, d'organiser des rencontres individuelles avec les dirigeants et les acteurs clés du marché norvégien. Pendant six mois, il se rend en Norvège chaque semaine, visitant des villes comme Bergen ou Lillehammer et rencontrant tous ceux qui comptent dans l'économie nationale.

Évidemment, cela ne fonctionne pas à tous les coups. L'une des grandes déceptions de Stéphane Boujnah reste l'échec du rachat de la Bourse de Madrid : malgré des efforts intenses, Euronext n'est pas parvenue à l'emporter contre SIX, le groupe boursier suisse, qui a fini par surenchérir et payer le prix fort, avec des packages très juteux pour les dirigeants.

Aujourd'hui, Euronext, qui vient de finaliser l'intégration de Borsa Italiana, gère environ un quart des échanges d'actions en Europe, avec une capitalisation agrégée des sociétés cotées sur ses marchés atteignant 7 000 milliards d'euros, surpassant même Londres en termes de volume d'échanges d'actions. Si son implantation géographique s'est considérablement accrue et ses activités se sont extrêmement diversifiées, la colonne vertébrale de l'opérateur est constituée par une infrastructure technologique partagée par tous ses acteurs. « La technologie est absolument centrale. C'est notre langue commune, l'actif et le fluidifiant communs », explique Stéphane Boujnah.

Le succès du redressement d'Euronext lui permet même aujourd'hui d'entrer au panthéon de la construction européenne. L'ancien banquier central Jean-Claude Trichet aime dire qu'« il y a trois grands succès paneuropéens : la Banque centrale européenne, Airbus et Euronext ». De fait, dans une période où l'Europe est souvent pointée du doigt pour ses défaillances, Stéphane Boujnah se fait le chantre du renforcement de l'union des marchés de capitaux en Europe. Un projet qu'il considère comme vital pour la prospérité et la stabilité économique du continent. « La seule raison pour laquelle les Chinois et les Américains nous respectent, c'est notre marché unique », affirme-t-il. Le financier n'hésite pas à épingler les problèmes de régulation et les lourdeurs administratives, mais il reste convaincu de l'importance de la coopération européenne. « C'est imparfait, c'est moche, c'est inefficace… mais quelle est l'alternative ? » interroge-t-il.

Lui, qui vit cette construction à son échelle, à la tête de son entreprise européenne à la structure fédérale, défend une idée forte, qu'il prend soin, jour après jour, de faire adopter par ses équipes pour dépasser les différences et les malentendus : « En Europe, il n'y a pas de grands pays ou de petits pays, il y a des grands marchés et des petits marchés. *In fine*, ce sont toutes de grandes nations, qui apportent chacune quelque chose d'unique et de précieux à l'ensemble. » Une maxime qui pourrait figurer en exergue d'un manuel à destination de tout chef d'entreprise désireux de construire une entreprise à l'échelle du Vieux Continent.

# 14

## Une aventure née à l'international

## INTERPARFUMS

Philippe Bénacin,
président-directeur général
et cofondateur

## Interparfums en chiffres

**Chiffre d'affaires en 2024 :** 880 millions d'euros, dont 91 % à l'international.

**Nombre de collaborateurs dans le monde :** 300, dont 200 à Paris, 70 à New York et 30 à Singapour.

**Présence dans le monde :** dans tous les pays sauf le continent africain (absence de réseau de distribution).

C'est une histoire de pionniers, presque de chercheurs d'or. Il faut imaginer Philippe Bénacin sillonnant de nuit Riyad, la capitale de l'Arabie saoudite, avec son attaché-case. Nous sommes en 1985, autant dire au Moyen Âge de la parfumerie. « En arrivant, j'ignorais que nous étions en période de ramadan. J'attendais la tombée du jour et j'arpentais les rues pour trouver des partenaires, avec une méthode simple : je lisais les plaques des immeubles pour repérer des entreprises, et je sonnais à l'improviste dans les bureaux. Étonnamment, j'étais bien reçu, les gens me réorientaient vers d'autres entreprises et j'ai pu établir des contacts clés pour lancer notre petite entreprise. »

Ces aventures orientales sont emblématiques des débuts d'Interparfums, société fondée en 1983 par Philippe Bénacin et Jean Madar à leur sortie de l'Essec, sur la base d'une étude de marché prometteuse. Dès l'année suivante, les deux associés, installés dans le Sentier, à Paris, se lancent à l'international, forts d'un constat : le marché de la parfumerie en France représente moins de 10 % du marché mondial. Ils identifient alors une cible prioritaire : « Le Moyen-Orient où il y avait une demande de produits de parfumerie accessibles », rappelle Philippe Bénacin. Notre intention n'est pas d'y ouvrir des filiales mais plutôt d'identifier les distributeurs locaux pour travailler avec eux. « Nos premiers interlocuteurs disaient : je vais prendre un conteneur et on verra bien. » Les flacons d'Interparfums les plus en vogue se nomment alors Tiramisu ou Cluedo.

Après le commercial, il a fallu entrer dans les rouages ciselés de la machinerie logistique du secteur. Avec quelques épisodes d'anthologie : « À 3 heures du matin, au moment d'envoyer notre première grosse commande pour le Moyen-Orient, un conteneur de 40 000 pièces destiné à Dubaï, nous nous sommes rendu compte que nous n'avions pas prévu les boîtes de groupage, se souvient-il en riant. Dans l'urgence, nous avons emballé les produits dans des cartons trop petits. Quand le client a réceptionné la livraison, il m'a appelé et m'a dit qu'il n'avait jamais reçu des produits aussi abîmés... » Au fil des épreuves, le métier rentre. « Nous avons dû apprendre à faire en sorte que les packagings ne soient ni trop petits ni trop grands, explique l'entrepreneur. Aujourd'hui, j'ai une équipe de 60 personnes qui gère ça à plein temps. »

Quarante ans plus tard, l'entreprise a étendu sa toile avec un ou deux distributeurs par pays tout autour du globe, lesquels réalisent généralement entre 30 et 60 % de leur activité rien qu'avec Interparfums. Le groupe a également mondialisé son réseau de sous-traitants pour les différentes étapes de fabrication et d'acheminement : verrerie, capots, pompes, cartons d'emballage et de calage, pièces métalliques... Seul le remplissage continue d'être 100 % effectué en France.

Au milieu des années 1980, quand Philippe Bénacin démarchait le Moyen-Orient, son associé s'envolait pour l'Amérique du Nord et créait une filiale aux États-Unis, Interparfums Inc. L'alter ego du siège parisien a permis à l'entreprise d'acquérir une stature internationale et de toucher les géants de la grande consommation. La société américaine (Interparfums Inc.) est même devenue la maison mère du groupe et devrait représenter, en 2024, environ la moitié des 880 millions d'euros de son chiffre d'affaires. Finalement, c'est en Europe que les choses se sont avérées les plus difficiles, notamment en Allemagne et en Italie, des marchés « plus sophistiqués et plus travaillés par la concurrence ».

Au cœur de cette réussite, il y a aussi le savoir-faire du parfumeur, qui consiste à traduire l'esprit d'une marque en un univers olfactif et visuel à même d'attirer et de faire rêver le grand public. Le talent des nez et du marketing d'Interparfums doit permettre de s'adapter aux goûts forts différents d'une culture à l'autre : des notes de patchouli pour le Moyen-Orient aux senteurs plus florales pour la Chine ou la Russie... Si certains jus parviennent à faire l'unanimité dans le monde, il faut le plus souvent imaginer des créations ciblées pour ces différentes régions. « Nous proposons environ 20 parfums chez Burberry, créés au fur et à mesure », détaille Philippe Bénacin.

Le rôle du contrat avec Burberry, signé en 1993, est d'ailleurs central dans cette aventure. La réussite de ce partenariat a prouvé la puissance du parfumeur et a lancé sa croissance durant ces trois décennies, via l'acquisition de licences de grandes marques. Chacune a été choisie pour son aura et sa capacité à passer les frontières. Aujourd'hui encore, Philippe Bénacin et Jean Madar restent en quête de nouvelles licences fortes. Ils regardent actuellement du côté de l'horlogerie, espérant convaincre Rolex et consorts.

Désormais digne concurrent de L'Oréal ou LVMH, Interparfums est parvenu à créer quelques blockbusters mondiaux. Derniers en date, les parfums Montblanc et Jimmy Choo, générant chacun quelque 100 millions d'euros de revenus en juillet 2024. « Au lancement de Montblanc, nous pensions atteindre 30 millions d'euros de ventes en cinq ans. Finalement, nous avons dépassé ce chiffre dès la première année », se réjouit Philippe Bénacin.

Le parfumeur a malgré tout en tête de réduire sa dépendance à ses grandes licences prestigieuses. Il s'apprête à lancer son propre jus, baptisé « Solferino », du nom de la rue où le groupe a acheté l'historique hôtel particulier jadis occupé par le Parti socialiste. « Avec Solferino, nous voulons proposer quelque chose de nouveau et de haut de gamme, dévoile l'entrepreneur. Ce sera une collection de parfums de niche destinée à un public exigeant. » Une manière peut-être aussi, symboliquement, de boucler la boucle en revenant en plein cœur de Paris, non loin de là où tout a commencé.

# 15

## Pas d'export sans vision à long terme

## SEPTODONT

Olivier Schiller,
président-directeur général

## Septodont en chiffres

**Chiffre d'affaires en 2023 :** 409 millions d'euros, dont 93 % à l'international.

**Nombre de collaborateurs dans le monde :** 2 200, dont 40 % en France.

**Présence dans le monde :** présence commerciale dans plus de 110 pays (plusieurs filiales et un réseau de distribution commerciale), sites industriels dans 4 pays (France, Canada, Brésil, Inde).

Fondée en 1932 par les grands-parents d'Olivier Schiller dans le quartier du Sentier, à Paris, Septodont est devenu le leader mondial de l'anesthésie dentaire, réalisant aujourd'hui 93 % de son chiffre d'affaires hors de France. L'actuel PDG l'explique simplement : « Mon père, qui a 90 ans aujourd'hui, avait pour objectif de placer un drapeau Septodont sur chaque pays du planisphère. » C'est ainsi qu'à partir de la fin des années 1950, ce dernier a – suivant un parcours assez classique – commencé par implanter son entreprise dans les territoires limitrophes de l'Hexagone. En participant à des congrès, il repère des clients, noue des relations avec des distributeurs locaux, puis crée des filiales commerciales et enfin, acquiert ou construit des usines sur d'autres continents pour se rapprocher des clients les plus éloignés.

Malgré ou peut-être grâce à cette formidable réussite mondiale, Olivier Schiller raconte très librement les différents coups durs qui ont jalonné l'internationalisation de son entreprise. Une expansion remarquable, car l'industriel, qui produit quotidiennement plus de 2 millions de cartouches d'anesthésique, est maintenant présent dans plus de 150 pays. Et, fait rare pour une ETI, le PDG compte dans son comité exécutif plus de dirigeants issus de l'international que de Français.

Parmi ces épisodes marquants, il évoque par exemple le « choc culturel intéressant » vécu en Corée par manque de connaissance des subtilités locales et des différences de mentalité. Un jour, il participe à une grande réunion avec un distributeur avec lequel il vient de réaliser une opération dans laquelle il a perdu de l'argent malgré un réel succès en volume de ventes : « Je suis arrivé avec mes équipes, mes tableurs Excel, pour leur montrer qu'il y avait eu un problème de prix, raconte-t-il. Notre partenaire m'a regardé, interloqué, en me demandant : "Mais pourquoi tu me dis ça ?" "Parce que c'est la réalité", lui ai-je répondu. Et il a quitté la salle avec toute son équipe. J'ai alors pris conscience qu'ils étaient venus pour célébrer le succès et que je lui avais fait perdre la face. J'aurais dû le voir d'abord en face-à-face pour lui expliquer que, selon mes chiffres et de mon point de vue, notre opération ne s'était pas bien passée. » Selon Olivier Schiller, les choses sont beaucoup plus simples avec les Américains, avec lesquels les Français partagent la même mentalité dans les affaires, basée sur la transparence.

C'est pourtant aux États-Unis que le PDG de Septodont a vécu l'un des épisodes les plus traumatisants de sa carrière, à l'occasion d'une inspection de la Food and Drug Administration (FDA) dans les années 1990. Une visite destinée à vérifier la stérilité des processus de fabrication des produits de l'usine Novocol au Canada, où Septodont est alors en joint-venture à 50 % avec un distributeur américain. Cette inspection s'est fort mal passée. « L'inspecteur m'a dit : "Je ne comprends pas du tout vos tests de stérilité et c'est ce que je vais dire à mes chefs à

Washington". Et ces derniers ont demandé le blocage de nos produits à la frontière ainsi que le rappel des articles en circulation sur le territoire américain. » Du jour au lendemain, Novocol, société florissante, se retrouve ainsi quasiment en faillite. « Mais la situation s'est révélée être une opportunité fantastique, s'amuse Olivier Schiller. Il s'est trouvé que notre partenaire américain venait d'être introduit en Bourse et avait vu son cours chuter à cause de cette activité industrielle, alors qu'il était essentiellement un distributeur. J'ai pu lui racheter ses parts sans sortir d'argent, via un échange d'actions – son cours étant dégradé – et un contrat de distribution avec lui. » Olivier Schiller a tout de même dû investir dans l'usine pour la mettre aux normes exigées par la FDA, et aussi changer totalement le management. Il a enfin discuté avec l'administration américaine pour installer dans son usine canadienne la technologie ultra-pointue de stérilisation qu'il avait développée en France. Avec le recul, il en tire cette leçon : « La FDA, quand vous faites amende honorable et mettez en œuvre des actions correctrices, sait faire preuve de bienveillance. » Quant à cette filiale, elle est devenue un des joyaux de son groupe : « Elle représente aujourd'hui presque 50 % de notre chiffre d'affaires et contrôle la quasi-totalité du marché américain, que ce soit sous notre propre marque ou sous les marques de distributeurs. »

Olivier Schiller a une troisième histoire révélatrice des défis auxquels Septodont a été confrontée au cours de son expansion. Cette fois, cela se passe au Brésil, à la fin des années 1990. Dans ce pays que le dirigeant qualifie de

« continent à part, avec des règles particulières », il faut obtenir des agréments auprès de l'autorité sanitaire brésilienne, l'Anvisa, pour obtenir l'autorisation de mettre des produits sur le marché. « Nous avons envoyé notre dossier à notre importateur, qui a fait toutes les démarches nécessaires pour que nous puissions commencer à exporter depuis la France vers le Brésil, se souvient-il. Jusqu'au jour où nous nous sommes aperçus que notre cher importateur avait créé sa propre usine et utilisé nos dossiers pour en faire un copier-coller et fabriquer ses propres produits... à des conditions forcément plus compétitives que les nôtres. » Septodont choisit alors un autre distributeur... qui ne tarde pas à faire faillite, ce qui, selon la législation brésilienne, entraîne la perte de toutes les autorisations. Le spécialiste français de l'anesthésie dentaire disparaît alors purement et simplement de ce marché... mais ne renonce pas à l'idée d'y être présent vu le potentiel que représentent ses quelque 200 millions de consommateurs friands de soins dentaires et esthétiques. Finalement, à la faveur d'un voyage présidentiel avec François Hollande, en 2015, Septodont identifie une entreprise cible, qu'il rachète. Le groupe possède maintenant deux usines au Brésil, toutes deux rentables.

« L'enseignement que j'en tire, conclut Olivier Schiller, c'est que l'export implique vraiment une vision de long terme. Il faut être prêt à perdre de l'argent pendant des années et avoir une forte volonté d'être présent sur un marché pour réussir. » Les histoires de tous les drapeaux plantés par son groupe ne sont pas toutes aussi épiques, mais relèvent toutes d'une forte implication.

# 16

# Exporter, c'est importer de l'innovation

## GYS

Bruno Bouygues,
président-directeur général

## GYS en chiffres

**Chiffre d'affaires en 2023** : 135 millions d'euros, dont 69 % à l'international.

**Nombre de collaborateurs dans le monde** : 900, dont 650 en France, les autres dans 6 pays (Italie, Espagne, Allemagne, Royaume-Uni, Chine et Maroc).

**Présence dans le monde** : activité commerciale avec 132 pays, et le groupe dispose de collaborateurs dans 6 pays (Italie, Espagne, Allemagne, Royaume-Uni, Chine et Maroc).

Lorsque Bruno Bouygues rejoint son père Nicolas Bouygues chez GYS en 2000, l'entreprise réalise moins de 20 % de ses ventes hors de la métropole notamment en Belgique et dans les DOM-TOM. Parmi les outils de prospection, il trouve principalement un classeur avec des cartes de visite et un fax. Le groupe, créé en 1964 et spécialisé dans la conception et la fabrication d'équipements de soudage, de chargeurs de batteries et de systèmes de réparation pour carrosseries automobiles, a déjà dû s'adapter pour couvrir les marchés les plus proches. « Nous avons compris rapidement que les DOM-TOM faisaient partie de l'export, en raison des complications logistiques », explique le dirigeant.

Bruno Bouygues est bien décidé à accélérer le développement hors de l'Hexagone. Pour se faire au plus vite un réseau et comprendre la concurrence, il mise sur les salons professionnels, et comme il parle bien allemand, démarre Outre-Rhin. « Notre premier grand salon en Allemagne a été un choc, se souvient-il. Nous avions une dizaine de concurrents en France et nous pensions faire partie du peloton de tête, mais nous nous sommes retrouvés au milieu de centaines d'acteurs internationaux bien plus avancés. » Pas abattus pour autant, le père et le fils décident de miser sur l'innovation et d'investir dans la prochaine génération de machines en passant à l'électronique. Pour faire face à la concurrence allemande, ils décident de procéder « à la japonaise » : ils achètent des machines de seconde main afin de mieux les comprendre et de mettre au point des produits plus innovants et plus compétitifs.

« Exporter, c'est importer de l'innovation », résume l'entrepreneur, qui ne manque pas d'anecdotes en ce sens. « Nous avions vendu des découpeurs plasma au Chili mais, une fois sur place, aucun ne fonctionnait à 1 800 mètres d'altitude. Nous avons découvert que l'air était trop fin pour les compresseurs et cela nous a obligés à adapter nos produits à des environnements spécifiques comme les altitudes élevées. » Il raconte un autre épisode, en Arabie saoudite : « À 67 degrés Celsius, nos machines s'arrêtaient, alors que celles de nos concurrents américains toléraient une température plus élevée. » À chaque mauvaise surprise, le père et le fils mobilisent une équipe d'ingénieurs, toutes affaires cessantes, pour trouver les solutions techniques afin de ne pas perdre le marché.

Bruno Bouygues donne beaucoup de sa personne. « L'ouverture de comptes à l'international n'a pas été simple. J'ai parcouru des dizaines de milliers de kilomètres en voiture pour faire du porte-à-porte et vendre nos produits en Allemagne, en Espagne et en Italie », raconte-t-il. Et puis, il y a aussi le temps passé à nouer des liens commerciaux. « En Allemagne, le processus d'achat est différent. Il faut se rencontrer plusieurs fois, se connaître et établir une relation de confiance sur plusieurs années », note Bruno Bouygues. Et cela finit par payer : l'export représente aujourd'hui 70 % du chiffre d'affaires de GYS, réalisé dans plus de 130 pays.

Malgré son optimisme chevillé au corps, Bruno Bouygues a une vision contrastée de l'avenir du commerce international. Il a constaté à quel point les barrières se sont multipliées dans un monde qui s'est complètement globalisé. Sans même évoquer les troubles géopolitiques, comme la guerre en Ukraine ou à Gaza, qui contribuent à complexifier les exportations, de plus en plus de pays imposent d'infinies tracasseries douanières et ne cessent d'ajouter des contraintes techniques pour protéger leur industrie locale. « Hors d'Europe, les barrières non tarifaires augmentent sans cesse, il faut se structurer en interne avec des compétences douanières et numériques », insiste Bruno Bouygues.

L'entrepreneur a vécu récemment en France ce changement d'époque. « Nous avons connu, en 2020, un contrôle des douanes important, raconte-t-il. Les douaniers nous ont réclamé un demi-million de pièces administratives. Il fallait fournir tous les documents techniques relatifs à nos produits sur six années d'historique. Vous imaginez le nombre de personnes que cela a mobilisé et le temps qu'il a fallu pour les numériser… Nous avons fini par atteindre plus de 200 000 pièces, mais nous ne sommes jamais parvenus à tout réunir. À la fin du contrôle, nous avons compris que nous devions monter notre niveau à l'export et passer la certification d'opérateur économique agréé (OEA) pour rester dans la course. »

Après de nombreux échanges, le contrôle s'est bien terminé. L'entreprise décide ensuite de se doter d'une équipe de douaniers internes et digitalise toute sa documentation afin de s'assurer que les produits respectent les codes et contraintes de chaque pays. Pour des problèmes de langue, de marquage, de documents techniques, de très nombreuses commandes restent bloquées chaque année. GYS entreprend donc de réduire au maximum ces problèmes qui lui coûtent extrêmement cher.

« Je ne crois plus à une mondialisation à partir d'un point unique, avec une seule usine qui exporte dans le monde entier, souligne Bruno Bouygues. L'avenir de l'exportation passe par une décentralisation des opérations. Il faut des usines et des entrepôts sur différents continents pour servir ces différents territoires. Le monde change, il faut adapter son organisation pour évoluer. » Un impératif d'autant plus fort que les clients se sont habitués à des délais de livraison très rapides. Pour lui, seule l'Europe assure encore la fluidité du transport de marchandises. Mais il n'oublie pas que, même pour un marché voisin comme celui de l'Allemagne, chaque position dans un marché étranger impose une grande capacité d'adaptation.

# 17

## No limit, mais avec humilité !

## FERMOB

Bernard Reybier,
président

## Fermob en chiffres

**Chiffre d'affaires en 2023** : 150 millions d'euros, dont 50 % à l'international.

**Nombre de collaborateurs dans le monde** : 550, dont 91 % en France.

**Présence dans le monde** : 49 pays, dont des filiales aux États-Unis et en Allemagne.

Une entreprise condamnée : c'est le constat partagé par la douzaine de salariés de Fermob lorsque Bernard Reybier la reprend en 1989. Trente-cinq ans plus tard, l'entreprise emploie 550 personnes et réalise un chiffre d'affaires de 150 millions d'euros, dont la moitié à l'international, avec une présence dans 45 pays. Le mobilier d'extérieur signé Fermob s'affiche sur Times Square, à New York, à Harvard ou au siège de Google, en plein cœur de la Silicon Valley. Ce redressement spectaculaire, Bernard Reybier l'a opéré en suivant un mantra étonnant : « *No limit*, mais avec humilité ! »

« Lorsque j'arrive en 1989, je réunis les 10 personnes de l'atelier et je leur dis tout simplement : "Nous sommes une entreprise mondiale." Ces ouvriers ont eu la gentillesse de ne pas paraître surpris, même si, au fond, ils ont dû penser que j'étais fêlé, se souvient-il amusé. Mais c'est une des meilleures choses que j'ai faites, parce que j'ai pu ainsi leur expliquer clairement quelle était ma vision de chef d'entreprise. »

Une illustration de cette conquête *no limit* ? La plus étonnante, sans doute, est la percée opérée sur le marché australien en pleine pandémie de Covid-19. En 2020, face à l'impossibilité de participer à des salons professionnels – la porte d'entrée qu'il a utilisée en Allemagne puis aux États-Unis, ses deux plus gros marchés – et convaincu qu'il faut à tout prix avancer ses pions dans ce pays du bout du monde prônant le « zéro Covid », Bernard Reybier sort le grand jeu en créant une exposition virtuelle. « Nous avons loué 400 mètres carrés de studios dans la campagne, près de Lyon, pour tourner un film exposant nos produits et nous avons organisé des rencontres virtuelles avec nos responsables commerciaux. Cela nous a permis de doubler notre chiffre d'affaires en Australie ».

L'internationalisation est un des trois piliers stratégiques sur lesquels il a misé pour faire croître Fermob, avec l'innovation et le design : au cœur de l'histoire de cette société issue d'un atelier de maréchal-ferrant dans l'Ain, il trouve en effet la chaise articulée baptisée « Simplex », avec un brevet d'invention datant de 1889, mais surtout l'iconique chaise Lune d'argent, créée en 1985 par le designer Pascal Mourgue et qui n'a cessé d'apporter de la notoriété à la marque, même aux moments les plus compliqués.

Avec son sens de la formule et plutôt que de se référer simplement au *made in France*, Bernard Reybier explique comment il voit l'intérêt de son ancrage hexagonal : « On n'achète pas du Fermob, on achète un bout du siècle des Lumières », autrement dit un savoir-faire français, qu'il fait remonter à l'acte de fondation par Louis XV, en 1766, de l'École nationale supérieure des arts décoratifs, et qui s'inscrit dans les gènes des créations de Fermob. Cela permet de se démarquer, notamment aux États-Unis, où la culture française fait la différence.

Durant ces trois décennies de croissance, puisant ses sources d'inspiration dans le mobilier haut de gamme et tout particulièrement en observant la trajectoire de ses amis de Ligne Roset, Bernard Reybier a poussé le déploiement international sans chercher à adapter ses produits aux modes locales mais plutôt en jouant sur l'identité propre de Fermob. « Nous avons inventé la couleur au jardin et nous avons proposé notre nuancier partout, en essayant de toujours parler de la valeur ajoutée de nos produits plutôt que de leur prix », explique-t-il.

Aux États-Unis, où Fermob réalise son plus beau succès, il comprend très vite qu'il ne lui faut pas jouer la carte du *big is beautiful* comme ses concurrents du Middle West. Il cible plutôt des distributeurs de niche capables de valoriser son design, c'est-à-dire essentiellement ceux de la côte est et de Californie. Il réalise aussi des coups marketing afin d'acquérir une très forte visibilité à peu de frais. Pour exemple, la création de chaises reproduisant la tête de Mickey sur Times Square, qui ont eu les honneurs des matinales télé new-yorkaises. En s'installant dans les espaces publics de Manhattan, du malfamé Bryan Park au mondialement connu Times Square, Fermob s'ancre dans le paysage américain et parvient même à damer le pion à de grands architectes lors d'appels d'offres. Aujourd'hui, la marque, qui emploie 30 personnes aux États-Unis, a racheté en 2022 son distributeur exclusif, doté d'activités de marketing et de logistique, et envisage même de s'y implanter industriellement.

En Chine, en revanche, les choses ne se sont vraiment pas déroulées comme prévu. Fermob y a ouvert un site de vente directe en ligne… en février 2020. « Les premiers indicateurs étaient bons, le nom avait été sinisé, de premières présences en magasin avaient vu le jour, mais avec la Covid-19, nous avons dû mettre l'activité en Chine totalement entre parenthèses », regrette Bernard Reybier.

En attendant d'y revenir un jour peut-être, Fermob a choisi de cultiver ses meilleurs marchés, comme les États-Unis donc, ou encore l'Allemagne, la Belgique et la Suisse. Les défis géopolitiques et économiques actuels, notamment liés aux taux de change et au fret maritime, l'amènent à se concentrer sur ces deux zones où le pouvoir d'achat est important et le design valorisé.

Durant cette période, Fermob a aussi investi le marché des professionnels (hôtels et restaurants), grâce à l'acquisition en 2013 de Vlaemynck, le spécialiste des parasols et du mobilier extérieur qui fournit les plus grands établissements de la Côte d'Azur. « Notre clientèle professionnelle représente maintenant 30 % de notre business à l'international », indique Bernard Reybier.

Et l'humilité du *no limit* ? Elle est finalement à trouver dans ce mélange de ténacité et de respect des traditions de cette société fidèle à ses racines dans l'Ain. « Dans notre domaine, vous ne pouvez pas vous implanter dans un pays en moins de trois ans », rappelle Bernard Reybier. Cette persévérance s'est révélée cruciale pour établir des relations de confiance avec les distributeurs et clients à l'étranger, et en l'associant à la vision audacieuse du président et à sa passion pour le design, il a fait émerger le nom de cette petite pépite de l'ameublement d'extérieur sur la scène mondiale. L'entreprise s'est structurée pour l'avenir en devenant familiale. Depuis le 1er juillet 2022, la gouvernance de Fermob a été modifiée : Baptiste Reybier est désormais directeur général au côté de son père, président.

# 18

## À la tête des pays : des entrepreneurs !

## VIRBAC ET PANPHARMA

Marie-Hélène Dick,
présidente

## Virbac en chiffres

**Chiffre d'affaires en 2023 :** 1,247 milliard d'euros, dont 92 % à l'international.

**Nombre de collaborateurs dans le monde :** 5 500, dont 23 % en France.

**Présence dans le monde :** distribution dans 100 pays, via 35 filiales.

## Panpharma en chiffres

**Chiffre d'affaires en 2023 :** 150 millions d'euros, dont 60 % à l'international.

**Nombre de collaborateurs dans le monde :** 550, dont 50 % en France.

**Présence dans le monde :** distribution dans 80 pays, via 6 filiales.

Le lien si particulier de la famille Dick avec la mer est peut-être ce qui lui a donné le goût de la découverte de nouveaux horizons. Pierre-Richard Dick, fondateur en 1968 de Virbac et en 1983 de Panpharma, était un grand amateur de voile. Son fils Jean-Pierre est devenu un skipper de renommée internationale, vainqueur notamment de la Transat Jacques-Vabre à quatre reprises dans la catégorie Imoca. Quant à sa fille, Marie-Hélène, c'est elle qui est devenue la capitaine des affaires familiales.

« Mon père, qui avait vécu en Afrique étant jeune, avait l'international dans les gènes, raconte-t-elle. Je crois que l'internationalisation, ça se décrète, il faut sortir de sa zone de confort. » Et s'agissant des deux entreprises détenues par la famille Dick, ce ne sont pas que des mots. Virbac, laboratoire pharmaceutique spécialisé dans la santé animale dont la moitié du capital est cotée en Bourse, réalise aujourd'hui plus de 90 % de son 1,2 milliard d'euros de chiffre d'affaires à l'export. Quant à Panpharma, dernière entreprise à produire des antibiotiques injectables en France, elle affiche plus de 60 % de ses ventes hors de l'Hexagone, avec des filiales au Royaume-Uni et en Allemagne notamment.

Le père de Marie-Hélène, qui a conservé longtemps son cabinet vétérinaire à côté de son entreprise, lui a transmis l'idée qu'il faut se lancer à l'international rapidement et avec les « moyens du bord ». « Sans financement pour étendre Virbac à l'étranger, nous démarrions avec des distributeurs, se souvient-elle. Et très souvent, au bout d'un moment, comme ce distributeur travaillait à 80 ou 100 % pour nous, nous finissions par le racheter et en faire une filiale. » Et c'est exactement ce qui s'est passé en l'Allemagne, la première filiale du laboratoire de santé animale.

Avec le recul, il semble que Virbac a utilisé toutes les options possibles pour s'implanter dans un pays, parfois via des joint-ventures, comme au Japon ; ou encore, lorsque le groupe a été mieux financé, grâce à des acquisitions de sociétés commerciales ou d'usines, comme ce fut le cas aux États-Unis en 1987, en Afrique du Sud en 2000, puis en Inde ; ou même en créant une structure *ex nihilo*, comme au Brésil en 1987 ou au Vietnam en 1996. Avec, dans tous ces cas de figure, un atout de taille, celui du temps : « Je dirais que pendant les vingt premières années, de nombreux pays n'avaient pas de forte rentabilité, admet la dirigeante. La méthode de Virbac, c'était de mettre un entrepreneur à la tête de chaque filiale et de lui laisser un maximum de liberté. »

Marie-Hélène Dick garde un souvenir particulier de l'implantation de Virbac en Inde. En 2004, le groupe rachète une filiale du géant de la pharmacie GlaxoSmithKline. Ce qui la décide ? « Les équipes avaient été formées par cette grande entreprise anglo-saxonne. Elles avaient à la fois cette culture indienne faite d'énergie et de sens commercial, avec en plus la discipline anglo-saxonne. Un mélange qui fait des merveilles. » Mais les premiers moments de l'intégration s'avèrent ardus. « Les vendeurs étaient très inquiets parce qu'ils n'avaient jamais entendu parler de Virbac et trouvaient que c'était un peu honteux d'avoir été repris par une société inconnue », se remémore la présidente.

Peu après le rachat, M. Satish, le patron indien de l'époque, les réunit. Très charismatique, il prend la parole et leur dit : « Je viens d'expliquer à Virbac que vous étiez tous des diamants, des personnes absolument exceptionnelles et d'excellents professionnels. Et là, je ne comprends pas, parce que vous vous inquiétez de changer de société. De quoi avez-vous peur ? De perdre votre valeur uniquement à cause d'un changement d'actionnaire ? Non, le contenant ne change rien aux qualités du diamant. » Elle se souvient d'avoir été bluffée : « Ça a libéré les énergies d'un coup ! » Preuve du succès de cette intégration, nombre d'Indiens ont, par la suite, été envoyés à travers le monde pour diriger d'autres filiales, et cette acquisition a porté ses fruits, avec un rythme de croissance impressionnant dopé par la montée en puissance de l'économie indienne.

Si elle exerce peu de contrôle quotidien sur les filiales, la dirigeante accorde beaucoup d'importance à la personnalité de son manager. « Le Brésil est un pays compliqué depuis trente ans, soupire-t-elle, avec des dévaluations à répétition et des patrons pas toujours fiables. Mais là, nous avons un manager de confiance qui vient de France, qui est installé depuis cinq ans et fait un super travail de fond.

Dans ce cas-là, il est clair que c'est le manager qui a fait la différence. »

Aux États-Unis, les choses se sont avérées complexes également. Le marché américain de la santé animale est gigantesque, de très loin le premier au monde. Le laboratoire des Dick y est présent depuis longtemps, c'est même sa plus importante filiale, mais il y a affronté beaucoup de difficultés. « Nous avons eu quelques coups durs et avons pratiquement dû repartir à zéro là-bas », confie Marie-Hélène Dick. Une usine a été mise à l'arrêt pendant neuf mois après une décision de la FAO. « Les coûts d'une telle situation sont énormes. Il faut prendre des avocats, renflouer les fonds. Cela nous a coûté des millions. Et puis, pendant ce temps, le marché ne nous attend pas, raconte-t-elle. Nous avons aussi eu un souci avec un dirigeant, des litiges juridiques dans tous les sens, une *class action*... »

Dans ce secteur de la santé, dominé par de gros laboratoires internationaux, où il faut trouver des financements importants et de surmonter les questions de régulation, être une des dernières entreprises familiales offre tout de même quelques avantages. Notamment celui d'attirer certains partenaires : « Je le constate lors d'acquisitions volontaristes, où nous avons besoin de séduire, comme en ce moment en Turquie et il y a quelque temps en Tchéquie. Dans ces cas-là, il s'agit aussi d'entreprises familiales et notre profil nous aide beaucoup. Dans ces cas-là, il s'agit aussi d'entreprises familiales et notre profil nous aide beaucoup. » L'expansion internationale à ces occasions est avant tout une aventure humaine.

19

## Pom'Potes aux États-Unis, l'aventure d'une vie

# MOM – MONT BLANC – MATERNE

Pascal Colas,
directeur général de Materne by Bel

**MATERNE BY BEL en chiffres**

**Chiffre d'affaires en 2023 :** 1 milliard d'euros, dont 70 % à l'international.

**Nombre de collaborateurs dans le monde :** 1 600, dont 900 en France.

**Présence dans le monde :** 11 pays, avec 2 usines en France et 2 aux États-Unis.

Tout oser, peut-être est-ce la meilleure recette pour conquérir les États-Unis. C'est celle en tout cas, assez incroyable, du lancement américain de Pom'Potes... ou plus précisément de GoGo squeeZ, son nom en anglais. En 2008, fort d'une décennie de succès phénoménal en France pour ces gourdes de compotes faciles à consommer par les enfants, Michel Larroche, alors à la tête de Materne, s'interroge sur la manière de sortir de l'Hexagone quand un article d'*Air France Magazine* attire son attention : Michelle Obama lance une grande opération de lutte contre la malbouffe chez les écoliers.

Avec l'aide d'une agence de relations publiques, l'entrepreneur obtient un rendez-vous en janvier 2009 avec la *First Lady*, fraîchement installée à la Maison-Blanche. Il lui explique : « J'ai le produit idéal pour bien nourrir les enfants américains, un goûter aux fruits sans sucre ajouté. » Convaincue par cette présentation et les premiers tests réalisés dans des magasins Whole Foods à New York, Michelle Obama décroche son téléphone pour demander au patron de Walmart de recevoir le *Frenchie*.

« Nous voilà à Bentonville, au siège de Walmart, pour présenter à la direction du groupe le projet de lancement de la marque que nous rebaptisions GoGo squeeZ pour les États-Unis. "GoGo" pour *on the go*… et "*squeeze*" pour dire que c'est pressable », raconte Pascal Colas, présent à ce rendez-vous comme patron de Materne France. L'équipe tricolore repart de l'Arkansas avec le feu vert du plus grand distributeur mondial, qui ne compte pas moins de 4 500 supermarchés aux États-Unis. Pour répondre à cette commande hors norme, l'usine Materne de Boué, dans l'Aisne, bascule en mode commando durant six mois et tourne en trois huit, sept jours sur sept.

Très vite, les chiffres des sorties de caisse confirment la réussite de l'opération. Face à la demande croissante, Materne décide rapidement de se doter d'un outil industriel outre-Atlantique. En 2011, une première usine ouvre dans le Michigan et, en 2015, une seconde en Idaho, deux régions productrices de pommes. « Aujourd'hui, les deux millions d'unités vendues chaque année aux États-Unis sont produites exclusivement là-bas », explique Pascal Colas. Cette implantation locale non seulement réduit les coûts logistiques, mais permet une meilleure adaptation aux besoins spécifiques du marché américain, même si les ingrédients de la marque restent globalement les mêmes qu'en France. Côté recette, la création d'un goût pomme-cannelle a permis de flatter les palais américains très gourmands de cette épice. Quant au marketing, avec une communication qui repose sur la déculpabilisation des parents grâce à un goûter 100 % naturel pour les enfants, il joue sur le volume : « Nous faisons beaucoup de promotions en magasin pour encourager les achats en gros et fidéliser la clientèle », détaille le dirigeant.

Après les États-Unis, Materne met dès 2009 le cap vers le Canada, proche à tous points de vue : les livraisons sont faciles depuis l'usine du Michigan et les deux clientèles sont assez similaires. Ceci n'empêche pas une petite innovation, avec un nouveau parfum pommes-myrtilles. « Sur nos marchés français, américain et canadien, nous sommes parvenus à capter entre 65 et 70 % de parts de marché », explique-t-il. Impressionnant.

Depuis, la star des gourdes aux pommes s'est implantée au Royaume-Uni, avec succès, et en Chine, de façon modeste et avec difficulté. « Dans ce pays continent, les choses sont beaucoup, beaucoup, beaucoup plus complexes, note Pascal Colas. Vous pouvez avoir des droits de douane qui vous tombent dessus du jour au lendemain parce que vous avez un concurrent qui trouve que votre idée est bonne et a les bons contacts pour vous bloquer. Tant que nous avions peu de moyens pour accéder aux bons circuits et aux bons réseaux d'influence, les choses ont été difficiles, mais maintenant, faisant partie du groupe Bel, nous bénéficions des structures et des moyens du groupe. »

En mai 2022 en effet, le groupe fromager Bel fait l'acquisition de MOM, entité issue du rapprochement entre Materne et Mont Blanc. Nouveau chapitre pour Materne, créée par Danone en 1989 – à partir d'une confiturerie fondée en 1922 par Édouard Materne et connue pour ses Confipote –, puis reprise par ses dirigeants en 2010. Le groupe Bel, également propriétaire de La vache qui rit, apporte désormais sa force de frappe aux fameuses gourdes aux pommes, en termes de moyens financiers et de structures commerciales, lui permettant se faire connaître auprès de nouveaux clients. « Nous avons développé le Portugal depuis que nous sommes chez Bel, et nos prochaines cibles sont l'Allemagne et l'Australie, indique Pascal Colas, devenu directeur de la division Fruit au sein de Bel. Bref, nous sommes en train d'internationaliser Pom'Potes de façon beaucoup plus large. »

Si la *success story* a de quoi faire rêver, Pascal Colas n'est pas près d'oublier le moment où tout a failli s'effondrer : « Un vendredi soir de 2017, un inspecteur de la Food and Drug Administration (FDA), qui avait trouvé des pommes un peu trop cuites dans quelques lots, nous a contraints à faire un rappel de tous les produits en un week-end. » Soit Materne le faisait de manière volontaire, soit la FDA prenait les choses en main. « Il nous a fallu vider tous les supermarchés américains et informer tous les consommateurs par médias interposés, avec des dommages considérables en termes de réputation. Nous avons vraiment failli couler la boîte. Il nous a fallu recapitaliser Materne, et comme nous étions sous LBO, cela signifiait à la fois remettre de notre poche et convaincre le fonds d'investissement de réinjecter du cash, sans oublier de convaincre les banques de nous permettre de réemprunter... » Heureusement, tout le monde a suivi et les choses sont vite reparties : six mois après, GoGo squeeZ avait retrouvé ses courbes de vente flatteuses.

L'aventure américaine aura décidément généré les souvenirs les plus extrêmes... Pascal Colas décrit cette période comme une épopée collective : « Chacun, chez Materne, et moi le premier, a vécu cette histoire comme l'aventure de sa vie. »

# 20

## Quand la French Tech séduit le monde

## MIRAKL

Philippe Corrot et Adrien Nussenbaum,
cofondateurs et coprésidents-directeurs généraux

## Mirakl en chiffres

**Revenus Récurrents Annuels en 2023** : 148 millions d'euros, dont 80 % à l'international.

**Nombre de collaborateurs dans le monde** : 750 salariés dans 9 bureaux (Paris, Boston, Barcelone, Bordeaux, Londres, Munich, New York City, Tokyo et Sydney).

Internet n'a pas de frontières et pourtant, bien peu de grands noms français du numérique sont parvenus à sortir de l'Hexagone. Mirakl fait partie de ces exceptions. Cette scale-up, fondée en 2012 par Philippe Corrot et Adrien Nussenbaum, devenue licorne, réalise 80 % de son chiffre d'affaires à l'international. Le logiciel qu'elle a développé permet à des entreprises de gérer leurs activités de marketplace : 40 % de ses clients sont aux États-Unis, 40 % en Europe et au Moyen-Orient et 20 % dans le reste du monde, notamment au Japon.

Cette particularité tient très certainement à l'ambition internationale affirmée dès l'origine et soutenue par les levées de fonds successives. La toute première, dite « série A », en 2012, a ainsi permis d'ouvrir un bureau à Londres pour commencer à tester le marché anglosaxon, avant de s'attaquer à l'Amérique du Nord. En 2015, Mirakl ouvre un deuxième bureau à Boston, qui lui permet de décrocher les contrats de marketplaces américaines comme celles des grands magasins Macy's et Saks Fifth Avenue.

En 2020, Mirakl réalise une levée de fonds impressionnante de 300 millions de dollars (série D), portant la valorisation de l'entreprise à plus d'un milliard de dollars. La plus récente et gigantesque levée de fonds a lieu en 2022. Elle s'élève à 555 millions de dollars et a pour objectif la poursuite de la croissance de Mirakl, tout en renforçant sa technologie pour rester la référence du secteur au niveau international. « Ces fonds nous permettent de continuer à innover et à rester à la pointe de l'industrie des marketplaces », explique Hugo Weber.

Pour avancer ses pions sur l'ensemble de la planète à un rythme soutenu et sans se mettre en danger, Mirakl a mis au point un *playbook*, une méthode à suivre pour ouvrir chaque nouveau pays. D'abord, réaliser des tests : « Nous commençons par lancer des campagnes de publicité digitale, avec des posts sponsorisés sur LinkedIn, afin d'évaluer la réceptivité d'un marché », explique le responsable affaires publiques. Parmi les derniers tests, il cite celui, très prometteur, réalisé il y a peu en Turquie.

« Quand le potentiel a été confirmé, poursuit-il, nous recrutons un *Regional Vice President* (RVP) local. Il ne s'agit jamais d'un Français qu'on envoie à l'étranger, car il nous semble fondamental pour la compréhension culturelle du marché de recruter ces responsables sur place. » Le RVP a pour mission de signer les premiers contrats, qui vont permettre de lancer les premiers recrutements. « Il embauche d'abord des équipes de marketing digital puis des *Customer Success Managers* (CSM)pour s'occuper de la mise en œuvre et de l'accompagnement des contrats signés », détaille Hugo Weber.

Forte des résultats de cette méthode, Mirakl revendique environ 450 clients dans le monde, aussi variés que le japonais Mitsubishi ou la chaîne espagnole de grands magasins El Corte Inglés. Airbus Helicopters utilise Mirakl pour « plateformiser » la gestion de ses pièces détachées afin de se concentrer sur la vente de services. Quant à Decathlon, l'enseigne de la galaxie Mulliez a fait le choix de s'implanter dans neuf pays européens par son intermédiaire, bien plus facilement que si elle l'avait fait par ses propres moyens. Mirakl prévoit maintenant d'élargir sa présence dans des marchés émergents comme l'Afrique ou l'Amérique latine. Quant à la Chine, la société technologique n'y pense même pas : l'ultra-domination d'Alibaba et Temu rend la mission totalement impossible.

Hugo Weber identifie une autre raison au succès de l'expansion internationale de Mirakl : les fruits de la diplomatie économique française. À ses yeux, l'accompagnement des pouvoirs publics en matière d'attractivité de la France a eu un impact important. Il loue la stratégie impulsée par Emmanuel Macron : « Elle a été extrêmement puissante en termes de perception de la place technologique française à l'international. Je ne sais pas si nous aurions pu lever 300 millions avec Permira ou 555 millions avec Silver Lake si les entreprises de la tech française n'avaient pas une si bonne réputation à l'international. »

Il relève également l'impact des sommets « Choose France », qui donnent l'occasion de rendez-vous privilégiés de trente minutes entre PDG, dans le cadre très flatteur du château de Versailles. « Pour nous, ces événements ont été des accélérateurs de cycles de vente avec des gros comptes allemands, anglais ou américains, note Hugo Weber. Les prises de contact de haut niveau permettent ensuite à nos équipes d'indiquer à leurs interlocuteurs qu'ils ont le feu vert de leur patron. »

Il évoque un autre sujet, plus politique, qui pourrait changer la donne pour ses alter ego : la création d'un statut d'entreprise européenne. Une telle possibilité accélérerait incroyablement la création de filiales au sein de l'Union européenne. Selon ses calculs, il faut compter environ trois mois en moyenne de démarches administratives pour ouvrir un bureau dans un pays de l'Union. Il est de ce fait inimaginable pour une entreprise, et plus encore une jeune pousse avec des effectifs réduits, d'ouvrir des bureaux dans les 27 pays de l'UE. Ce statut juridique unique devrait, note-t-il, également s'accompagner d'un mécanisme de cotisation sociale unique pour contrecarrer les risques d'un effet « plombier polonais » et d'autres formes de dumping social.

Aux acteurs français de la tech, Hugo Weber conseille de regarder de plus près l'intérêt que peuvent revêtir les voyages présidentiels. Par manque de familiarité avec cet univers politico-diplomatique, les startupers hésitent à accepter ces invitations, souvent formulées à la dernière minute. Mirakl pourrait assurément devenir un modèle à suivre pour les entrepreneurs français de la tech rêvant d'international.

Pour plus d'information :

www.lisez.com

Imprimé sur du papier issu de forêts gérées durablement.

Imprimé en France par
CPI Firmin-Didot
Dépôt légal : janvier 2025
N° d'édition : M18167/01. – N° d'impression : 182304
ISBN 978-2-7491-8167-7